Die Chakren

Ihre Entstehung, Funktionen und Wirkungen

weitere Bücher von Harry Eilenstein:

- Eltern der Erde (450 S.)
- Über die Freude (100 S.)
- Astrologie (320 S.)
- Der Lebenskraftkörper (230 S.)
- Christus (60 S.)

Impressum:

Copyright: 2008 by Harry Eilenstein

Herstellung und Verlag: Books on Demand GmbH, Norderstedt

ISBN: 978-38370-5934-2

Inhaltsverzeichnis

Seite

1. Namen und Funktion der Chakren 5
2. Lage der Chakren 8
3. die drei Lebenskraft-Kanäle 12
4. erste Wahrnehmung der Chakren 16
5. Feuer und Licht 18
6. mythologischer Ursprung 23
7. Körperentstehung und Bewußtseinszustände . . . 25
8. Bewußtseinszustände und Frequenzen 27
9. Chakren, Lebensbaum und Astrologie 29
10. Kraftort und Wachbewußtsein 34
11. Freuds Entwicklungsphasen 35
12. traumatische Polarisierung 37
13. obere und untere Chakren 40
14. Geburt und Tod 43
15. spirituelles Streben 44
16. Körperentstehung, Entwicklung der Psyche,
    spirituelle Entwicklung und Tod 45
17. Chakren und Sephiroth 47
18. 3 Granthis / 3 Übergänge 49
19. 3 Schwingungspaare 53
20. Opfer, Hingabe und Mandala 55
21. Chakren und Sternentstehung 59
22. Drei Wege der Erweckung der Chakren 63
23. Integration der den Chakren entsprechenden Bewußtseinszustände 66
24. Siddhis 71
25. Grundeigenschaften der Chakren 86
26. Herzsegen 92

1. Namen und Funktion der Chakren

Die Chakren sind die Organe des Lebenskraftkörpers, in denen sich die wesentlichsten Bilder des Lebenskraftkörpers und somit auch des Bewußtseins und des Unterbewußtseins befinden. Weil die Chakren die Lebenkraft-Organe im Menschen sind, bilden sie auch einen Bestandteil sehr vieler Meditationen.

Detaillierte Angaben über die Chakren, ihre Funktion und ihre Erweckung finden sich u.a. auch in den Büchern "Kundalini Tantra" von Swami Satyananda Saraswati, in "Six Yogas of Naropa" von Tsonkhapa und in dem vom Dalai Lama verfaßten "Kalachakra Tantra".

- - -

Die Sanskrit-Namen der sieben Hauptchakren sind von unten nach oben: Mooladhara, Swadhisthana, Manipura, Anahata, Vishuddhi, Ajna und Sahasrara.

Das Sanskrit-Wort Chakra bedeutet "Rad" und ist mit dem lateinischen Wort "circus" (Kreis) verwandt, von dem sich unter anderem Zirkus, Zirkel und zirca/circa abgeleitet haben.

Mooladhara bedeutet "das, was das Fundament gibt". Diesen Namen hat dieses Chakra erhalten, weil es zum einen das unterste Chakra ist und zum anderen das Chakra ist, das die Wurzel und Quelle der Lebenskraft im Körper ist. Daher wird es meistens Wurzelchakra genannt, was auch eine gute Übersetzung für das Wort Mooladhara ist. In den tibetischen Texten wird das Wurzelchakra meistens als "geheimes Chakra" bezeichnet.

Das Sanskrit-Wort "moola" bedeutet Fundament. Das Sanskrit-Wort "dhara" ist mit dem lateinischen "donare" (geben) verwandt, von dem sich z.B. der Heiligenname Donatus ableitet.

Swadhisthana bedeutet "der eigene Wohnsitz". Es ist der innere Kraftort, der Ort, an dem man bewußt in sich selber einen Halt finden kann. Daher ist dieses Chakra in den gesamten fernöstlichen Kampfsporttechniken der wichtigste Konzentrationspunkt im eigenen Körper - durch ihn ist man in der Lage, bei sich zu bleiben und nicht aus seinem Lot zu geraten und zu fallen. Dies ist das Chakra, aus dem heraus die Bewegungen fließen, wenn man tanzt, wenn man Sex hat und wenn man kämpft. Meist wird dieses Chakra mit seinem japanischen Namen "Hara" bezeichnet. In Tibet trägt dieses Chakra, das eines der vier zentralen Chakren in der Tummo-Meditation ist, den Namen "Rad der Ausstrahlung", da von hier aus das Tummo-Feuer emporsteigt. Dieses Chakra wird oft auch als Nabelchakra bezeichnet, wobei dieser Name allerdings zu Verwechslungen mit dem Sonnengeflecht einladen kann, das sich oberhalb des Nabels befindet.

Das Sanskrit-Wort "dhisthana" bedeutet Wohnsitz und die Vorsilbe "swa-" bedeutet "mein". Diese Vorsilbe taucht auch oft in der Zusammensetzung "swaha" (in etwa "ich bin") als Teil von Mantren auf, die bei der Identifizierung mit einer Gottheit verwendet werden.

Manipura bedeutet "Juwelenstadt". In Tibet wird es bisweilen auch "Manipadma", also "juwelenbesetzter Lotus" geannt. Vermutlich trägt das im Westen meistens Sonnengeflecht genannte Chakra diesen Namen zum einen, weil es die Lebenskraft (die "Juwelen") speichert und im Körper verteilt und zum anderen, weil man die Lebenskraft in ihm als ein Blitzen und Funkeln erleben kann, das sehr an von Sonnenlicht beschienene facettierte Edelsteine erinnert.

Das Sanskrit-Wort "mani" (Juwel) ist aus dem wohl bekanntesten aller Mantren "Aum mani padme hum" bekannt. Das Sanskrit-Wort "pura" (Stadt) findet sich als Endung in den Namen vieler indischer Städte wie z.B. Saharanpur, Gorakhpur oder Kanpur.

Anahata bedeutet "das Unangeschlagene", womit ein Ton gemeint ist, der klingt, ohne das man die Trommel geschlagen oder die Saite gezupft hat. Anahata bezieht sich also auf den Urton, auf das Nada-Brahma und auf das Om. Dieser Name soll dadurch, das Anahata nicht erschaffen, sondern ewig ist, darauf hinweisen, daß die Essenz von Anahata die Seele ist, also der unzerstörbare Bindhu-Tropfen, wie es die Inder und Tibeter nennen würden, der mit dem Einen, mit Gott identisch ist. In Tibet wird das Herzchakra auch das "Rad der Wahrheit" genannt, weil man im Herzchakra die Essenz des eigenen Wesens finden kann.

Die verneinende Sanskrit-Vorsilbe "an-" ist verwandt mit der deutschen verneinenden vorsilbe "un-", die über das altgriechische "an-" auf das indogermanische "n-" zurückgeht und zusammen mit dem altägytischen "n-" letztlich auf den Negationspartikel "n" im jungsteinzeitlichen Mesopotamien zurückgeht. Das Sanskrit-Wort "hata" bedeutet "schlagen, anschlagen" und ist mit dem englischen "to hit" (schlagen) verwandt.

Vishuddhi bedeutet "Reinigung". Diesen Namen hat das Halschakra erhalten, da es durch die Träume immer wieder das Bewußtsein zu seiner eigentlichen Natur zurücklenkt: Die Träume reinigen und ordnen die Psyche, indem sie von jeder Erinnerung an den vergangenen Tag eine Verbindung zu den Urbildern in der eigenen Psyche, die ein Abbild des Wesens und des Willens der eigenen Seele sind, herstellen. In Tibet wird das Halschakra das "Rad der Freude" genannt, da in diesem Chakra der Kommunikation und der Verbindung des Einzelnen mit der Welt zwar auch die größten Ängste, insbesondere die vor der Einsamkeit und die vor dem Tod liegen, aber das Grundgefühl dieses Chakras, wenn diese Ängste durch die Auflösung der falschen Vorstellungen, auf denen sie beruhen, geheilt worden sind, die Freude darüber, eins mit der ganzen Welt zu sein, ist.
Der Name dieses Chakras leitet sich von dem Sanskrit-Wort "shuddhi" (reinigen) ab.

Ajna bedeutet "Befehl" - es ist der Sitz des Willens. Es wir oft auch Drittes Auge genannt. Dieses Chakra lenkt die Lebenskraft: Die Kundalini ruht am Ende nach einer erfolgreichen Meditation hier im Dritten Auge, der Pharao trägt hier zwischen den Brauen die Uräusschlange (Kobra), und das Dritte Auge ist die "Wunschperle", der der Drache folgt und die er in den meisten chinesischen Darstellungen in einer seiner Klauen hält.

Sahasrara bedeutet ganz einfach "1000". Diese Zahl bezieht sich auf die Anzahl der Blütenblätter dieses Chakras, wenn es als Lotus dargestellt wird. Dieses Scheitel- oder Kronenchakra stellt die Verbindung zu Gott dar, die Fähigkeit, sich der Einheit aller Dinge bewußt zu werden. In Tibet wird es das "Rad der großen Ekstase" geannt - die "kleine Ekstase" ist der Orgasmus, das Erlebnis, das mit dem Wurzelchakra zusammenhängt. In den indischen Texten wird die Stelle im Zentrum des Scheitelchakras, an dem die Sushumna, die die sieben Chakren verbindet, endet, bisweilen "Goldenes Tor" oder "Tor des Brahma" genannt.

2. Lage der Chakren

Die eben beschriebenen sieben Hauptchakren liegen auf einer Achse, die von dem untersten bis zu dem obersten Chakra verläuft. Häufig werden diese sieben Chakren auf der Körpervorderseite liegend dargestellt. Dies vereinfacht zwar die graphische Darstellung, aber es hat zu der Vorstellung geführt, daß die Chakren auch tatsächlich aufrecht auf der Körpervorderseite liegen, obwohl sie sich auf der zentralen Achse im Körper befinden. Die Chakren liegen dabei waagerecht - so wie das Wurzelchakra und das Scheitelchakra auch in den "Vorderfront-Darstellungen" abgebildet werden. Dabei verläuft die Achse genau durch das Zentrum der einzelnen Chakren.

Die "Vorderfront-Darstellung" der Chakren ist allerdings nicht nur eine graphische Vereinfachung, denn an der Vorderseite des Körpers befinden sich Sekundärformen der primären Chakren im Körperinneren, die in Indien "Kshetram" genannt werden. Man kann das Verhältnis zwischen einem Kshetram an der Vorderseite des Körpers (wie z.B. das aufrechte Ajna-Chakra zwischen den Augenbrauen) zu dem eigentlichen Chakra (das im Fall des Ajna-Chakras ungefähr am Ort der Zirbeldrüse waagerecht im Gehirn liegt) mit dem Verhältnis zwischen einer Reflexzone auf dem Fuß bei der Fußreflexzonenmassage ("Kshetram") und dem abgebildeten Organ selber ("Chakra") vergleichen. Eine Parallele zu der Fußreflexzonenmassage liegt auch darin, daß über die Konzentration auf das Kshetram das Chakra angeregt werden kann - so wie durch das Massieren der einem bestimmten Organ entsprechenden Stelle auf dem Fuß dieses Organ selber angeregt wird.

Die sieben Hauptchakren und ihre Kshetrams liegen an folgenden Stellen im Körper:

Das Mooladhara-Chakra (Wurzelchakra) liegt in der Mitte des Perinäums, also zwischen dem After und den Genitalien. Es hat kein Kshetram, da es sich in seiner waagerechten Lage bereits an der Körperoberfläche befindet. Die zentrale Achse, auf der sich die sieben Hauptchakren befinden, beginnt in der Mitte dieses Chakras.

Das Swadhisthana-Chakra (Hara) befindet sich im Körperinneren vor den Rückenwirbeln auf der Höhe des Kreuzbeines. Das Kshetram dieses Chakras befindet sich vier Fingerbreit unterhalb des Nabels.

Das Kshetram des Manipura-Chakras (Sonnengeflecht) befindet sich in der Mitte zwischen dem Nabel und dem unteren Ende des Brustbeines. Das eigentliche Chakra liegt hinter dem Kshetram im Körperinneren kurz vor den Rückenwirbeln.

Das Kshetram des Anahata-Chakras (Herzchakra) liegt genau zwischen den Brustwarzen. Das Herzchakra befindet sich auch hier wieder genau dahinter im Körperinneren, also in diesem Fall zwischen den beiden Lungenflügeln kurz vor der Wirbelsäule.

Das Vishuddhi-Chakra (Halschakra) befindet sich in der Mitte des Halses hinter dem Adamsapfel und sein Kshetram vorne vor dem Adamsapfel an der Vorderseite des Halses.

Das Ajna-Chakra (Drittes Auge) liegt ungefähr dort, wo sich im Gehirn die Zirbeldrüse befindet, und sein Kshetram befindet sich zwischen den Augenbrauen.

Das Sahasrara-Chakra (Scheitelchakra) schließlich befindet sich, wie der Name schon sagt, auf der Oberseite des Kopfes. An dieser Stelle haben die meisten christlichen Mönche und Priester ihre Tonsur, d.h. eine kahlgeschorene Stelle, die symbolisch das Tor für den Heiligen Geist ist - die Tonsur ist folglich umso größer, je weiter oben der Betreffende in der Hierarchie steht, bis hin zum Papst, der nur noch einen Haarkranz trägt. Das Scheitelchakra hat wie das Wurzelchakra kein Kshetram, da es sich bereits waagerecht an der Körperoberfläche befindet. Die zentrale Achse, auf sich diese sieben Chakren befinden, endet in dem Zentrum dieses Chakras.

Es gibt eine ganze Reihe weiterer Chakren, die aber eine untergeordnete Rolle spielen und sozusagen Äste an dem zentralen Stamm der sieben

Hauptchakren sind. Zu diesen Chakren gehören die Handchakren, die Fußchakren, das Gaumenchakra und der Wunschbaum.

Die Handchakren liegen genau im Zentrum der Handinnenfläche (wobei die Finger nicht mitgerechnet werden). Sie haben kein Kshetram, da sie bereits an der Körperoberfläche liegen. Sie sind vor allem beim Aufnehmen von Lebenskraft zur Stärkung oder Selbstheilung und beim Aussenden bzw. Übertragen von Lebenskraft, also dem Segnen wichtig.

Die Fußchakren liegen auf der Fußsohle auf der Innenseite der halbkreisförmigen Fläche, die nicht den Boden berührt, also genau im Zentrum der Fußfläche (wobei die Zehen nicht mitgerechnet werden). Sie dienen der Verbindung der eigenen Lebenskraft zu der Lebenskraft der Erde, weshalb das Barfußgehen in der Natur auch eine so wohltuende Wirkung hat. Bei manchen Meditationen, in denen eine möglichst große und störungsfreie Konzentration und ein vollkommenes In-sich-Ruhen angestrebt wird, ist daher der Lotussitz von großem Vorteil, da sich dabei beide Fußsohlen nach oben gerichtet auf den Oberschenkeln des jeweils anderen Beines befinden und man sich dadurch von der Lebenskraft der Erde zumindest teilweise abtrennt.

Das Gaumenchakra liegt auf dem Gaumen in etwa an der Stelle, die man der Zunge noch gerade erreichen kann, wenn man sie am Gaumen entlang möglichst weit nach hinten biegt. Dieses Chakra spielt bei einigen Methoden der Erweckung des Dritten Auges eine Rolle, aber tritt sonst nicht oft in Erscheinung. Man kann es aber leicht zufällig entdecken, wenn man das bewußte Lenken der Körperenergie im Hals- und Kopfbereich übt.

Der Wunschbaum ist ein "Anhängsel" des Herchakras, das sich ca. vier Finger breit unterhalb von ihm befindet und sein Kshetram entsprechend an der Körpervorderseite kurz unterhalb des Herzchakras hat. Es spielt (wie der Name schon sagt) eine Rolle bei der Verwirklichung von Wünschen. Seine Lage weist daraufhin, daß es den im Herzen geborenen Wunsch zu der gelenkten Lebenskraft im Sonnengeflecht trägt: der Wunschbaum stellt den Schöpfungimpuls der Seele im Herzchakra dar, der die anderen Chakren, den Körper und letztlich jede Handlung dieses Körpers erschafft. Dieses Chakra ist daher für die Magie von großer Bedeutung. Wenn es erwacht ist, ist es notwendig, auf seine Wünsche und Überzeugungen zu achten und immer aus seiner eigenen Wahrheit heraus zu leben, da dies Chakra dazu führt, daß sich alle Wünsche und Vorstellungen verwirklichen. Zu diesem Chakra gibt es viele Geschichten in Indien, die die Notwendigkeit des positiven Denkens anschaulich illustrieren.

3. die drei Lebenskraft-Kanäle

Die zentrale Achse, auf der sich die sieben Chakren befinden, ist ein Kanal, in dem die Lebenskraft fließt. Er wird entweder Sushumna oder Avadhuti genannt. Sein unteres Ende führt von dem Zentrum des Mooladhara-Chakras beim Mann weiter bis zu der Penisspitze und bei der Frau weiter bis zum Muttermund. Sein oberes Ende befindet sich in der Mitte des Scheitels, also in der Mitte des Kronenchakras und wird bisweilen "Goldenes Tor" oder "Brahma-Öffnung" genannt.

Durch die Penisspitze bzw. den Muttermund fließen die Sexualflüssigkeit (und das Neugeborene) nach außen. Wenn man die Meditationen zur Erweckung des Zentralkanals durchführt, entsteht an der Brahma-Öffnung zunächst ein Jucken, dann ein Bläschen und schließlich tritt dort ein wenig geruchlose Flüssigkeit aus. Das Austreten von Flüssigkeiten ist also sowohl mit dem untersten als auch mit dem obersten Chakra verbunden - bei dem Wurzelchakra ist dies die Flüssigkeit der "kleinen Ekstase", also des Orgasmus, und bei dem Scheitelchakra ist dies die Flüssigkeit der "großen Ekstase", die entsteht, wenn das Scheitelchakra bewußt aktiv wird.

Dieses Austreten von Flüssigkeit wird häufig auf Bildern von Shiva dargestellt, aus dessen Scheitel ein „weißer Bogen" herausragt – eben diese Flüssigkeit. Bisweilen wird diese Flüssigkeit auch nur symbolisch durch eine Mondsichel in den Haaren von Shiva abgebildet. Dieser Effekt der austretenden Flüssigkeit ist auch im Buddhismus gut bekannt.

Die Meditation über die Sushumna ist als Vorbereitung für die Erweckung der Kundalini wichtig, weil diese Meditation der Kraft der Kundalini den Weg bereitet und schon einmal einen Teil der Verfestigungen und Verzerrungen in dem Mittleren Kanal und somit in der Psyche auflöst und den eigentlichen Aufstieg der Kundalini, bei dem die Sushumna, die Lebenskraft, die Chakren und die Psyche vollständig gereinigt werden, etwas wenig heftig werden läßt. Die Sushumna-Meditation ist auch sehr hilfreich, um die Psyche zu stabilisieren, wenn man zwichen zu extremen Zuständen, also innerhalb eines Chakrenpaares (z.B. Drittes Auge und Hara) zwischen Depression und Aggression im weitesten Sinne hin- und herschwankt.

Die Sushumna-Meditation besteht im allgemeinen darin, einen etwa senfkorngroßen Lichtpunkt vom Wurzelchakra durch die Sushumna bis zum

Scheitelchakra hin aufsteigen zu lassen, ihn dann vor dem Körper wieder zum Wurzelchakra niedersinken zu lassen und dann diesen gesamten Vorgang eine zeitlang zu wiederholen. Diese heute vor allem in Tibet bekannte Methode geht über den Lama Tsonkhapa und den Mahasiddhi Naropa auf die nordindischen Yogis des 9. bis 11. Jahrhunderts zurück.

Neben diesem zentralen Kanal befinden sich zwei weitere kleinere Kanäle, die in den meisten Fällen Ida und Pingala und seltener Lalana und Rasana genannt werden. Diese beiden Kanäle sind polar zueinander. Die Sushumna in der Mitte entspricht der geschlechtsneutralen Seele und Ida und Pingala ihr männliches und ihr weibliches Spiegelbild – die innere Frau und der innere Mann. An jedem Chakra winden sich Ida und Pingala um die Sushumna im Zentrum und bilden so die Mittelpunkte der Chakren.

Das Prinzip des "Mittleren Weges", der sich zwischen zwei "Äußeren Wegen" befindet, gibt es auch im Lebensbaum als die Mittlere Säule zwischen den beiden äußeren Säulen, weiterhin im Tao, das sich in Yin und Yang differenziert, und schließlich noch im Caduceus, dem Stab des griechischen Gottes Hermes, der aus einem Stab mit einer Flügelsonne an der Spitze besteht, um den sich zwei Schlangen emporwinden. Die Struktur der drei Lebenskraftkanäle, der drei Säulen des Lebensbaumes, des Tao und Yin und Yang sowie des Stabes und der beiden Schlangen des Caduceus ist immer dasselbe: die Dreiteilung in ein ursprüngliches Element, das sich in der Polarität einer unter ihr liegenden Ebene spiegelt.

Die Chakren selber werden in Indien meisten symbolisch als Lotusblüten und seltener als Räder dargestellt. Die tibetischen Illustrationen sind "technischer" und stellen die Chakren in ihrem Aufbau dar, also als ein waagerechtes Geflecht von Verzweigungen der Lebenskraftkanäle - was deutlich erkennen läßt, daß die Chakren von ihrer "Substanz" her nichts anderes sind als Orte, an denen von den drei zentralen Lebenskraft-Kanälen nach außen hin viele kleine Kanäle radial abzweigen. Dabei entspricht dann die Anzahl der Verzweigungen der Anzahl der Blütenblätter der Lotusblüten-Darstellung der Chakren bzw. der Anzahl der Speichen in der Rad-Darstellung der Chakren.

Die bekannteste Rad-Darstellung ist sicherlich das buddhistische achtspeichige Rad der achtfachen Lehre Buddhas, das das Herzchakra darstellt. In neuerer Zeit findet sich dieses Symbol im Tarot als "Schicksalsrad" wieder und in früheren Zeiten in den Jahreseinteilungen der

Kelten und anderer indogermanischer Völker als der achtgeteilte Jahreskreis.

Die Essenz der Rad-Symbolik ist im Buddhismus ist die Möglichkeit, über die Speichen des spirituellen Strebens von der Felge des Auf und Ab des Lebens zu dem erleuchteten Ruhen auf der Nabe im Zentrum des Rades zu gelangen. Die gesamten tibetischen Meditationsanleitungen sind eine Beschreibung des Weges von dem meist leidvollen Alltagsbewußtsein auf der Felge über die Speichen der Meditation zu der grenzenlosen Freude auf der Nabe des Rades, im Zentrum des Herzens.

In Indien wird das Herzchakra aufgrund der Analogie zu dem zwölfteiligen Tierkreis, in dessen Zentrum sich die Sonne befindet, als zwölfspeichig dargestellt. Da die Sonne das wichtigste Seelensymbol ist und das Horoskop, in das sich eine Seele zu Beginn ihrer Inkarnation wie in ein Gewand hüllt, mit dem Tierkreis zusammenhängt, ist dies die schlüssigere Symbolik.

Da aber sowohl die tibetischen Lamas als auch die indischen Yogis zur Erleuchtung gefunden haben, scheint die Kenntnis über die genaue Anzahl der Blütenblätter des Herzchakras (sofern sich diese denn genau festlegen läßt) nicht über den Erfolg des spirituellen Strebens zu entscheiden. Ausschlaggebend ist offenbar das Erkennen des Herzchakras als Zentrum des eigenen Wesens, auf die sowohl durch die tibetische als auch durch die indische Symbolik hingewiesen wird.

Die Lebenskraft-Kanäle, die durch die Arme bis in die Hände reichen, enden im Zentrum der Handchakren, und die Lebenskraft-Kanäle, die durch die Beine bis in die Füße reichen, enden im Zentrum der Fußchakren.

Mit der Sushumna, die als gerade Linie die Achse ist, auf der sich die sieben Hauptchakren befinden, hängt es zusammen, daß in allen Meditationsanleitungen die aufrechte Haltung so betont wird: Durch diese Haltung wird das Fließen der Lebenskraft in der Sushumna nicht durch eine zusätzliche Spannung durch die Krümmung des Körpers und somit auch der Sushumna erschwert.

Man sollte Sushumna und die Chakren nicht als Kanäle, in denen die Lebenskraft fließt, sondern vielmehr als die fließende Lebenskraft selber ansehen, die sich aufgrund ihrer inneren Dynamik, die z.B. durch die Analogie zu den Magnetpolen der Sterne oder die Polarität von Ida und Pingala beschrieben wird, eben auf den Bahnen bewegt, die dann als

Sushummna, Ida, Pingala und die Chakren erscheinen. Insofern zeigt sich in der Gestalt der drei "Kanäle" und der sieben Chakren letztlich nichts anderes als der Charakter der Kräfte, die auf den Qualitäten der Lebenskraft beruhen.

4. erste Wahrnehmung der Chakren

Das Schlangenfeuer im Wurzelchakra kann als eine langsam fließende, sich windende, im Kreis drehende Glut wahrgenommen werden, die sich "mit der Geschwindigkeit einer Schildkröte", wie es in den tibetischen Texten so anschaulich heißt, in der Sushumna aufsteigen kann.

Das Hara wird als eine ruhige, feste, zentrierte, strahlende Hitze erlebt, die die Fähigkeit hat, alle Bestrebungen zusammenzuhalten und zu bündeln.

Im Sonnengeflecht tritt zunächst ein strahlendes, prickelndes Aufglühen auf wie von einer Unmenge von kleinen, weiß gleißenden Lichtfünkchen, die sich vom Sonnengeflecht aus durch kleine, sich immer wieder verzweigende Äderchen in den ganzen Leib hin ausbreiten.

Wenn das Herzchakra erwacht, entsteht in ihm eine liebevolle, stille und kraftvolle Wärme, die nach außen hin ausstrahlt und schließlich den ganzen Körper einhüllt. Dieses leuchtende Wärme und Liebe ruft ein großes Glücksgefühl hervor - das zeitlose Lächeln auf dem Gesicht der Buddhas, der Yogis, der Heiligen und vieler altägyptischer Statuen.

Vom Halschakra geht eine strahlende Hitze wie ein Druck nach außen aus, der die Dinge berührt, wobei dieser Druck im Hals zentriert bleibt.

Das relativ leicht zu erweckende Dritte Auge hat eine warme, konzentrierte, pulsierend Kraft, die wie ein Strahl nach außen dringt.

Das Scheitelchakra erstrahlt in einem prickelnden, gleißenden Licht und wölbt sich allmählich nach oben und außen - der Heiligenschein.

Die Hand- und Fußchakren werden zunächst als ein Druck wie von einem Tennisball, der leicht gegen die Handinnenflächen bzw. die Fußsohle gedrückt wird, empfunden, der sich dann zu einem Pulsieren und schließlich zu einer kreisenden Empfindung weiterentwickeln kann.

Das bereits erwähnte Gaumenchakra fühlt sich an wie das Durchfließen von "kühlem Feuer", das einen leichten Druck auf eine kreisförmige Fläche am Gaumen ausübt. Diese Empfindung ist durchaus angenehm. Sie steht in engem Zusammenhang mit dem Halschakra.

Der Wunschbaum kurz unterhalb des Herzchakras wird als "fließende Hitze" und als eine Art von Durchsichtigkeit und innerer Widerspruchsfreiheit, die vom Herzchakra ausgeht, empfunden und ähnelt der Empfindung des Sonnengeflechtes, hat aber nicht dessen Prickeln, sondern eher das Strahlen des Herzchakras.

5. Feuer und Licht

Die sieben Hauptchakren lassen sich als sieben verschiedene Mischungen aus Feuer (Tummo, Kundalini, Lebenskraft) und Licht (Bindhu, Bewußtsein) beschreiben, wobei das Feuer von unten nach oben gleichmäßig abnimmt und das Licht von unten nach oben gleichmäßig zunimmt. In der inneren Wahrnehmung und auch in allen traditionellen Beschreibungen erscheinen das Tummo-Feuer rot und das Bindhu-Licht weiß.

Das Wurzelchakra ist reines Feuer, Lebenskraft, Sexualität, Selbsterhaltung, Instinkte, Tatkraft ...

Das Hara ist zu 5/6 Feuer und zu 1/6 Licht, was dazu führt, daß die Lebenskraft ein Zentrum erhält und bewußt wird und gelenkt werden kann.

Das Sonnengeflecht ist zu 4/6 Feuer und zu 2/6 Licht, was dazu führt, daß hier zwar immer noch die Lebenskraft den Charakter des Chakras dominiert, aber diese Lebenskraft von einem umfassenderen Bewußtsein als im Hara gelenkt wird, wodurch die sinnvolle Verteilung der Lebenskraft im gesamten Körper ermöglicht wird.

Das Herzchakra ist zu 3/6 Feuer und zu 3/6 Licht, also genau ausgeglichen und dadurch der Ort, an dem sich die Seele inkarnieren kann. Genau genommen ist es natürlich umgekehrt, da von diesem Ort aus das System der Lebenskraftkanäle und der Chakren entsteht, wobei sich nach unten hin die Qualität des Feuers und nach oben hin die Qualität des Lichtes entfaltet, die beide genau gleich groß sind.

Das Halschakra ist zu 2/6 Feuer und zu 4/6 Licht. Es ist also vor allem Bewußtsein, das aber noch tatkräftig wirkt und dadurch die eigene Position in der Welt bestimmt.

Das Dritte Auge ist zu 1/6 Feuer und zu 5/6 Licht, wodurch das Bewußtsein schon sehr umfassend wird, aber durch den Rest an Feuer noch eine Verankerung in der Tat hat. Daraus ergibt sich dann die Übersicht, die sich in einem Willensimpuls erdet.

Das Scheitelchakra ist vollständig Bewußtsein, Abgrenzungslosigkeit, Gewahrsein ...

Die drei unteren Chakren, in denen das Feuer dominiert, sind vor allem auf die eigene Person als Körper hin orientiert, während die oberen drei Chakren vor allem auf die den eigenen Körper umgebende Umwelt hin orientiert sind. Hier zeigt sich der Unterschied zwischen dem punktförmigen Lebenskraft-Feuer, das ein Ausdruck des "Blitzstrahles der Schöpfung" ist, und der Weite des Bewußtseins-Lichtes, das das Ziel der "Schlange der Weisheit" ist.

Von unten nach oben nimmt das Feuer der Lebenskraft gleichmäßig ab und wird in zunehmendem Maße bewußt und durch das Bewußtsein gelenkt, bis schließlich in dem obersten Chakra die Vorlieben und Bewertungen durch das Feuer enden und die Annahme aller Dinge durch das Bewußtsein entsteht. Bei dieser Entwicklung von unten nach oben weitet sich gleichzeitig der Bereich, über den sich das Bewußtsein bewußt ist:

Im Wurzelchakra bewegt sich das Feuer ganz aus seiner Eigendynamik heraus;

im Hara ist das Bewußtsein wie ein kleines Licht im Zentrum der Lebenskraft;

im Sonnengeflecht durchdringt das Licht die Lebenskraft von innen her bereits bis in alle Winkel, auch wenn das Licht hier noch kleiner ist als die Lebenskraft;

im Herzchakra befinden sich Feuer und Licht, Lebenskraft und Bewußtsein, Bewertung und Gleichmut im Gleichgewicht und ergreifen so das ganze Wesen der betreffenden Person;

im Halschakra erstreckt sich das Bewußtsein nun schon über die Person hinaus auf die Beziehungen und Begegnungen;

im Dritten Auge umfaßt das Bewußtsein dann alle Lebensumstände;

und im Scheitelchakra liegt schließlich das alles umfassende Bewußtsein.

Man kann sich zur Veranschauung sieben verschiedene Menschen vorstellen, die durch je eines der sieben Chakren geprägt sind:

ein "Wurzelchakra-Mensch" glüht ganz voller Hitze und Flammen in einer großen Feueraura, die zu allen Dingen hinfließt und von ihnen zu ihm zurückfließt;

ein "Hara-Mensch" ist von Flammen eingehüllt, die alle wichtigen Dinge in seiner Umgebung berühren, aber in seiner Mitte leuchtet nun ein kleines zentrierendes Licht;

ein "Sonnengeflecht-Mensch" hat nur noch eine kleine Flammen-Aura, die nur noch die für den Betreffenden wichtigen Menschen berührt, und die überall von Lichtfäden durchzogen ist;

ein "Herzchakra-Mensch" erglüht in gleicher Weise in Feuer und erstrahlt im Licht und erfüllt mit beidem seinen ganzen Leib und ruht in sich selber;

ein "Halschakra-Mensch" hat eine Lichtaura, die alle Menschen in seiner Umgebung berührt, wobei überall in dem Licht die Kraft des

Feuers glüht;

ein "Drittes Auge-Mensch" hat eine große Lichtaura, die alle Dinge in seiner Umgebung berührt und in deren Zentrum ein kleines Feuer glüht;

und ein "Scheitelchakra-Mensch" ist schließlich in reines Licht gehüllt, das sich auf alle Dinge erstreckt.

Bei der Betrachtung der Chakrenpaare stellt sich heraus, daß alle Paare im Gleichgewicht zwischen Feuer und Licht sind und daß sich diese Paare nur durch das Maß an Polarisierung unterschieden:

Das Chakrenpaar, das dem Traumzustand entspricht und die Motivationen der Seele im Herzzentrum darstellt, weist nur eine geringe Polarisierung auf: das Sonnengeflecht (4/6 Feuer - 2/6 Licht) unterscheidet sich von dem Halschakra (2/6 Feuer - 4/6 Licht) nur durch 2/6.

Das Chakrenpaar, das dem Wachzustand entspricht und den Motivationen der Seele klare Formen verleiht, weist schon eine starke Polarisierung auf: das Hara (5/6 Feuer - 1/6 Licht) unterscheidet sich von dem Dritten Auge (1/6 Feuer - 5/6 Licht) schon durch 4/6.

Das Chakrenpaar, das dem Ekstasezustand entspricht und die Teilnahme der Seele an der Welt darstellt, weist die größtmögliche Polarisierung auf: das Wurzelchakra (6/6 Feuer) unterscheidet sich von dem Scheitelchakra (6/6 Licht) durch 6/6.

In dem Polarisierungsgrad innerhalb eines Paares zeigt sich nicht nur der Grundcharakter eines Paares, sondern auch die Spannung, die in in dem betreffenden Paar liegt, mit der man dann in der Meditation umzugehen lernen muß. Diese Spannung ist offensichtlich bei dem Umgang mit der Sexualität des Wurzelchakras und dem Bemühen, diese Kraft zum Scheitelchakra hinauf aufsteigen zu lassen, am größten.

Der Grundcharakter des Herzchakras und der 3 Paare zeigt, wieviel Polarisierung für ihre Funktion notwendig ist:

Das im Tiefschlaf verankerte in-sich-Ruhen, das die Qualität des Herzchakra ist, benötigt die vollständige Abwesenheit jeglicher Polarisierung (was qualitativ und geometrisch dem astrologischen Aspekt der Konjunktion entspricht).

Die im Traumzustand verankerten Motivation des Sonnengeflecht-Halschakra-Paares erfordert ein Mindestmaß an Differenzierung, um eine Richtung bevorzugen zu können (was qualitativ dem astrologischen Aspekt des Trigons entspricht).

Die im Wachbewußtsein verankerten klaren Formen des Hara-Drittes Auge-Paares erfordern ein großes Maß an Polarisierung (was qualitativ dem astrologischen Aspekt des Quadrates entspricht).

Die in der Ekstase verankerten extrem energiereichen Bewußt-seinszustände des Wurzelchakra-Scheitelchakra-Paares erfordern die vollständige Polarisierung (was qualitativ und geometrisch dem astrologischen Aspekt der Opposition entspricht).

6. mythologischer Ursprung

Das Urbild der Chakren ist der Weltenbaum, der Himmel und Erde verbindet. Dieser mythologische Baum in der Mitte der Welt ist die Verbindung zwischen den Menschen und den Ahnen bzw. Göttern.

Aus ihm entstanden eine Vielzahl weiterer Symbole, die alle dieselbe Bedeutung haben: der Weltenberg, der Götterberg, die Pyramide, der Turm, der Kirchturm, das Minarett, der buddhistische Stupa, die Himmelssäule, die Himmelsleiter, der aufsteigende Rauch des Opferfeuers oder des Räucherwerks, die zentrale Zeltstange, die Rückenwirbel des Menschen usw.

Der Weltenbaum hat in vielen Fällen sieben große Äste, die Pyramide sieben Stufen und die Himmelsleiter sieben Sprossen – dies sind die Entsprechungen zu den sieben mit bloßem Auge sichtbaren Planeten, wobei in diesem Fall Sonne und Mond zu den Planeten zählen. Die unterste Stufe entspricht dem Mond mit der schnellsten Umlaufzeit, darauf folgt der Merkur, dann die Venus, die Sonne, der Mars, der Jupiter und ganz oben befindet sich die Stufe des Saturn, der die längste Umlaufzeit hat.

Der Weltenbaum ist des öfteren auch in den Körper hinein übertragen worden, wodurch z.B. im Alten Ägypten der Djed-Pfeiler entstanden ist, der zugleich als die Himmelssäule und als das Rückgrat des Osiris angesehen wurde. In Indien entstand bei der Übertragung des Weltenbaumes in den Körper die Sushumna, wobei aus den sieben Stufen die sieben Chakren wurden.

Saturn - Scheitelchakra
Jupiter - Drittes Auge
Mars - Halschakra
Sonne - Herzchakra
Venus - Sonnengeflecht
Merkur - Hara
Mond - Wurzelchakra

Viele Völker stellten sich den Himmel als eine Schale aus Bergkristall vor. Pythagoras erweiterte diese Vorstellung zu sieben Kristallschalen, an denen die Planeten befestigt waren. Da sich diese Kristallsphären gegeneinander bewegen mußten (wie man ja aus den verschiedenen Umlaufgeschwindigkeiten der Planeten ersehen kann), mußten diese Kristallsphären einen Ton erzeugen – so wie ein feuchter Finger, der am Rand eines Weinglases entlangreibt. Dieser Klang der Himmelsschalen aus Bergkristall wurde dann „Sphärenmusik" genannt.

Oft wurden dann zu diesen „sieben Himmeln" noch die Erde, der Fixsternhimmel und ganz oben der Schöpfergott hinzugenommen. Diese insgesamt zehn Bereiche der Welt finden sich am systematischsten in den zehn Sphären (Sephiroth) des kabbalistischen Lebensbaumes dargestellt. Das Wort Sphäre und das Wort Sephiroth sind beide eng mit dem Wort Ziffer verwandt und bedeuten einfach „Zahl": Man hat damals die Erde, die sieben Himmel, den Fixsternhimmel und den Schöpfergott der Übersichtlichkeit halber einfach durchnummeriert – wobei man natürlich oben bei dem Schöpfergott begann.

Der Lebenskraftkörper, in dem sich die Chakren befinden, wurde oft auch Astralkörper, also „Sternenkörper" genannt. Dies hat eine doppelte Ursache: Zum einen hat die Lebenskraft, wenn man sie zu sehen beginnt, die milchigweiße und leicht bläuliche Farbe der Sterne und zum anderen entsprechen die sieben Chakren eben den sieben Wandelsternen. Der Körper entspricht folglich der Erde, während der Fixsternhimmel das Paradies ist, in dem der Schöpfergott wohnt.

Daß es für die sieben Chakren eine solche religionshistorische Erklärung gibt, bedeutet nicht, daß die Chakren ein rein mythologisches (und daher nichtexiastentes) Gebilde sind, sondern lediglich, daß sich dieses mytholgische Bild dafür geeignet hat, die im Körper vorgefundene Chakrenstruktur zu beschreiben.

7. Körperentstehung und Bewußtseinszustände

Der materielle Körper entsteht aus der befruchteten Eizelle und der Lebenskraftkörper entsteht aus der Lebenskraft, die bei der sexuellen Vereinigung der beiden zukünftigen Eltern frei wird und dabei einen Wirbel bildet, den fast alle Menschen beschreiben, die sich an die Zeit vor ihrer Geburt und evtl. auch vor ihrer Zeugung erinnern können. Dieser Wirbel ist als Lebenskraftkugel hellsichtig oder mithilfe einer Traumreise sichtbar und schrumpft nach ca. 3 Wochen soweit zusammen, daß sie den Körper der Mutter nicht mehr überragt. Die Seele befindet sich im Zentrum dieser Lebenskraftkugel.

Dieses Zentrum der Lebenskraftkugel liegt in der befruchteten Eizelle. Dies bedeutet allerdings nicht, daß die Wahrnehmung zu dieser Zeit auf diese Perspektive beschränkt ist - in der Regel wird von den Menschen, die sich an diese Zeit noch oder wieder (durch Traumreisen u.ä.) erinnern können, berichtet, daß sich erst ab dem 3. Monat die Wahrnehmung aus dem Umkreis der Mutter ganz auf den Embryo zurückzieht.

Mithilfe eines EEGs läßt sich feststellen, daß bis zum 3. Monat nur die Tiefschlaffrequenz (2-4Hz) auftritt, die mit dem Bewußtsein der Seele verbunden ist, wie EEG-Messungen an Meditierenden zeigen, die in sich die Bewußtseinsstille erzeugt oder sich bewußt mit ihrer Seelen vereint haben. Diese Phase der Embryonal-Entwicklung zeigt also nur die Aktivität des Herzchakras, zu dem das Tiefschlafbewußtsein gehört.

Ab dem 3. Monat treten dann erst kurz und dann immer häufiger und für längere Zeit im EEG auch Traum-Frequenzen (4-8Hz) auf. Dieser Beginn des Traumbewußtseins des Embryos hängt offensichtlich mit dem Ende des das ganze Umfeld der Mutter umfassenden Bewußtseins zusammen - die Aufmerksamkeit richtet sich jetzt offenbar verstärkt nach innen. Da das Traumbewußtsein mit dem Sonnengeflecht und dem Halschakra verbunden ist, kann man davon ausgehen, daß diese beiden unter- und oberhalb des Herzchakras liegenden Chakren jetzt entweder entstehen oder aktiv werden.

Ab dem 8. Monat tritt schließlich im EEG auch die Frequenz des Wachbewußtseins auf (8-16Hz). Dies weist auf die Entstehung oder genauer gesagt eher die Aktivierung des nächsten Chakrenpaares hin, also auf das Hara und das Dritte Auge, die die "Lebenskraft-Organe" des Wachbewußtseins sind.

Das erste Auftreten der EEG-Frequenzen, die mit der Ekstase verbunden sind (16-32Hz) scheinen noch nicht gezielt beobachtet worden zu sein. Vermutlich treten sie beim ersten Atemzug und verstärkt dann beim Säugen auf, also bei den ersten eigenständigen, zielgerichteten Tätigkeiten des für die Lebenskraft-Vorgänge zuständigen Wurzelchakras. Diese Frequenz entspricht dann der Aktivierung der beiden äußersten Chakren, des Wurzelchakras und des Scheitelchakras.

aktive Chakren			
1. - 3. Monat	*3. - 7. Monat*	*8. - 9. Monat*	*Geburt*
			Scheitelchakra
		Drittes Auge	Drittes Auge
	Halschakra	Halschakra	Halschakra
Herzchakra	Herzchakra	Herzchakra	Herzchakra
	Sonnengeflecht	Sonnengeflecht	Sonnengeflecht
		Hara	Hara
			Wurzelchakra

8. Bewußtseinszustände und Frequenzen

Die verschiedenen EEG-Frequenzen (Hz), die mit den verschiedenen Bewußtseinszuständen und über diese mit den Chakren verbunden sind, lassen sich in der tiefen Entspannung auch direkt als ein Vibrieren der Chakren mit der entsprechenden Frequenz erleben. Wenn man die Lebenskraft direkt sehen kann, erscheinen diese Frequenzen als ein Pulsieren der Chakren mit der entsprechenden Hz-Zahl. Diese Frequenz wurde von den alten Indern als das „Drehen des Rades" bezeichnet - das Sanskrit-Wort „Chakra" bedeutet wörtlich übersetzt „Rad".

Da der Lebenskraftkörper mit seinen als Bildern gespeicherten Informationen insgesamt die „materielle Basis" des Unterbewußtseins darstellt und sich somit im Zustand des Traumbewußtseins befindet, erlebt man in dem Lebenskraftkörper als ganzes die Frequenz des Traumzustandes. Diese Frequenz findet sich an den verschiedensten Stellen des Körpers wieder, wobei das natürliche Vibrato der Stimme von 6Hz am auffälligsten ist, das die Frequenz des Halschakras hat, die mit der Frequenz des ganzen Lebenskraftkörpers identisch ist.

Diese Frequenzen haben eine innere Regelmäßigkeit: je weiter „innen" der Bewußtseinszustand liegt, desto niedriger ist seine Frequenz, wobei sich die Frequenz bei jedem Übergang nach „außen" hin verdoppelt.

Dieses Phänomen gibt es auch an anderen Orten. So findet sich z.B. in der Kernphysik jedesmal eine Frequenzverdopplung (die einer Spin- also Rotations-Halbierung entspricht), wenn aus „feineren" Strukturen „gröbere" Strukturen werden wie z.B. bei dem Übergang von Energiequanten zu Elementarteilchen (Gravitonen haben den Spin 2, Energiequanten den Spin 1, Elementarteilchen den Spin 1/2).

Interessant ist an der folgenden Tabelle auch, daß alle Zustände oberhalb des Wachbewußtseins dem Wachbewußtsein normalerweise eben nicht ohne besonderes Bemühen zugänglich sind, während der Erregungszustand dem Wachzustand durchaus voll bewußt ist.

Chakra	Bewußtseinszustand	Frequenz	Bereich
-	Unio mystica	½-1Hz Ø: 0,75Hz	Gott
-	Gottheiten-Bewußtsein	1-2Hz Ø: 1,5Hz	Gottheiten
Herzchakra	Tiefschlaf = Seelenbewußtsein	2-4Hz Ø: 3Hz	Seele
Halschakra und Sonnengeflecht	Traumbewußtsein	4-8Hz Ø: 6Hz	Lebenskraft
Lebenskraftkörper			
Drittes Auge und Hara	Wachbewußtsein	8-16Hz Ø: 12Hz	materieller Körper
Scheitelchakra und Wurzelchakra	Erregungszustand = Ekstase	16-32Hz Ø: 24Hz	

Diese Schwingungen sind durchaus ganz konkret gemeint. Wenn man sich tief genug entspannt, kann man sie konkret erleben und dabei spüren, wie das z.B. das Herzchakra nur halb so schnell und das Hara z.B. doppelt so schnell schwingt wie der übrige Lebenskraftkörper.

9. Chakren, Lebensbaum und Astrologie

Wenn man diese Qualitäten näher untersucht, aufgrund derer sich das System der Chakren und "Kanäle" bildet, ergibt sich, daß das Chakrensystem auf einer "1-2-3-2-1"-Folge beruht, wobei die Zahlen die Polarität in dem jeweiligen Bereich angeben.

Diese Polaritätenfolge findet sich auch ebenfalls wieder in der Physik: Zuerst gab es nur die einpolare Graviation in dem noch unstrukturierten Raum. Die Gravitation ist einpolar, weil sie nur eine einzige Qualität hat.

Aus dem Raum entstand dann die zweipolare elektromagnetische Anziehung zwischen den Energiequanten. Die elektromagnetische Kraft ist zweipolar, weil sie die Qualität „+" oder „-" hat.

Der nächste Schritt war dann die Entstehung der dreipolaren Farbkraft (starke Wechselwirkung) zwischen den Elementarteilchen. Die Farbkraft hat die Polarität „Gelb", „Rot" oder „blau" und ist somit dreipolar.

In den nächstgrößeren Einheiten, also in den Elektronenhüllen der Atome wirkt dann wieder die zweipolare elektromagnetische Kraft.

Im Bereich der großen Gegenstände wirkt schließlich fast nur noch die einpolare Gravitation.

Pola-rität	in der Materie	im Bewußt-sein	Chakrensystem
1-polar	einpolare Gravitation	Identität/Einheit des Ganzen (Gott)	Lebenskraftwolke zieht sich um die Seele herum zusammen und plattet sich ab und wird dadurch zum Herzchakra
2-polar	zweipolare (+/-) elektro-magnetische Kraft spaltet sich von der Gravitation ab	Dynamik/Ekstase (Gottheiten)	Aussendung von Lebenskraft aus dem Herzchakra nach oben und unten als zwei Strahlen => Sushumna
3-polar	dreipolare ("rot"/"gelb"/"blau") Farbkraft spaltet sich von der elektromag-netischen Kraft ab	Liebe (Seelen)	Bildung von je drei Chakren an jedem der beiden Strahlen
2-polar	Dominanz der zweipolaren elektromagnetischen Kraft (Elektronenhüllen der Atome und Moleküle)	Dynamik/Ekstase (Psyche)	Bildung von Ida und Pingala als entgegengesetzte Lebenskraftflüsse links und rechts der Sushumna
1-polar	Dominanz der einpolaren Gravitation (Wirkung zwischen Sternen; "Schwerkraft" auf der Erde)	Identität/Einheit des Einzelnen (Körper)	Aufspaltung der Lebenskraftflüsse der Chakren in den gesamten Körper hinein, wodurch er zu einer koordiniert handlungsfähigen Einheit wird

Diese fünf Polaritäten finden sich auch im Lebensbaum in der Kaballa wieder, dessen fünf Bereiche der Tabelle oben genau entsprechen. Da der Lebensbaum eine „Himmelsleiter" ist, also den Weg vom Normalbewußt-sein zur Erleuchtung beschreibt, ist es naheliegend, daß der Lebensbaum dieselbe Grundstruktur aufweist wie die, die sich ergeben, wenn man die verschiedenen Bewußtseinszustände betrachtet, die den Chakren entspre-chen,

Die einzelnen Chakren entsprechen nicht dem gesamten Lebensbaum, sondern den Sephiroth Yesod bis Daath, da die unterste Sephiroth den materiellen Körper und die drei oberen Gott darstellen und die Chakren als die Organe der Lebenskraft des Menschen weder Teil des materiellen Körpers noch Teil Gottes sein können.

29

                    Kether
                    (Gott)
        Binah   Chokmah
        (Gott)   *(Gott)*
                    Daath
              Scheitelchakra
        Geburah   Chesed
        Halschakra   **Drittes Auge**
                    Tipahreth
                Herzchakra
        Hod   Netzach
        Hara   **Sonnengeflecht**
                    Yesod
              Wurzelchakra

                    Malkuth
                    (Körper)

Nebenher ergibt sich aus der eben angestellten Betrachtung über die Polaritätenfolge auch, daß zuerst die Chakren und erst danach Ida und Pingala aus der Sushumna heraus entstehen, was in den tibetischen Texten meines Wissen nicht deutlich beschrieben ist (und bei einigen Meditationen hilfreich zu wissen ist).

Wenn man die Polaritätenfolge als eine zunehmende Differenzierung auffaßt, ergibt sich daraus eine Zwölferteilung: $1 \cdot 2 \cdot 3 \cdot 2 \cdot 1 = 12$. Diese Zwölferteilung entspricht von ihrem Charakter her dem astrologischen Tierkreis.

Der "1" entspricht dabei die Konjunktion, der Anfangspunkt (z.B. das Zeichen Widder); die der "2" entsprechende Opposition erschafft zwei Gegensätze (Widder - Waage); das der "3" entsprechende Trigon erschafft daraus dann ein aus zwei Dreiecken bestehendes Hexagramm (Widder/Löwe/Schütze - Waage/Wassermann/Zwillinge); die nächste "2" erschafft dann den vollständigen 12-er-Kreis, indem man von jedem der sechs Ecken des Hexagramms aus ein Quadrat (2·2) weitergeht (Widder -> Krebs, Zwillinge -> Jungfrau; Löwe -> Skorpion ...).

Auf diese Weise bildet der Tierkreis auf statische Weise die Polaritäten-dynamik ab - der Tierkreis als Strukturergebnis dieser grundlegenden Polaritätenfolge. Somit werden die Astrologie, der Lebensbaum und das Chakrensystem als Ausdruck desselben Grundprinzipes, eben der Polaritätenfolge "1-2-3-2-1" erkennbar, was die grundlegende Bedeutung dieser Polaritätenfolge sehr anschaulich macht.

Die jeweils drei Chakren unter- und oberhalb des Herzchakras entsprechen von der Mitte aus nach außen gesehen den drei astrologischen Dynamiken der Tierkreiszeichen: erschaffend (kardinal), gestaltend (fix) und verbindend (beweglich). Das Sonnengeflecht und das Halschakra haben analog zu den erschaffenden Tierkreiszeichen ebenfalls erschaffende Funktionen, da sie die Motivationen des Herzchakras ausdrücken, was darin zum Ausdruck kommt, daß sie die Grundlage für das Träumen sind. Das Hara und das Dritte Auge haben analog zu den gestaltenden Zeichen ebenfalls eine ordnende Funktion und sind die Grundlage für den Wachzustand. Das Wurzelchakra und das Scheitelchakra haben eine verbindende Funktion, die die Grundlage für den zu ihnen gehörenden Bewußtseinszustand der Ekstase ist, da ja jede Ekstase und jede Freude auf der Verbindung eines Individuums mit einer weiteren Sache oder Person beruht - im Falle des Wurzelchakras ist dies die Sexualität und im Falle des Scheitelchakras die Verbindung mit Gott.

Die Chakren entsprechen von unten nach oben der Folge Planeten in ihrer scheinbaren Umlaufzeit um die Erde: Wurzelchakra – Mond, Hara – Merkur, Sonnengeflecht – Venus, Herzchakra – Sonne, Halschakra – Mars, Drittes Auge – Jupiter, und Scheitelchakra – Saturn. Beide dieser Folgen gehen auf die Himmelsleiter-Symbolik der mesopotamischen Stufenpyra-miden zurück, deren Stufen von unten nach oben den Planeten von Mond bis Saturn entsprechen.

Der Name „Mooladhara" des untersten chakras, das dem Mond entspricht, bedeutet „Fundament". Der Name der Sephiroth Yesod, die dem Mond und dem untersten Chakra entspricht, bedeutet ebenfalls „Fundament".

31

Chakren	astrologische Dynamik	Planeten	Bewußtseinszustand
Herzchakra	(jenseits des Horoskopes)	Sonne	Tiefschlaf (= Seelenbewußtsein)
Sonnengeflecht	erschaffend (kardinal)	Venus	Traum
Halschakra	erschaffend (kardinal)	Mars	Traum
Hara	gestaltend (fix)	Merkur	Wachbewußtsein
Drittes Auge	gestaltend (fix)	Jupiter	Wachbewußtsein
Wurzelchakra	verbindend (beweglich)	Mond	Ekstase
Scheitelchakra	verbindend (beweglich)	Saturn	Ekstase

Das Horoskop eines Menschen, das den Stil des eines Menschen und somit auch den der individuellen Art der Ausbildung seines Chakrensystemes beschreibt, wird zwar erst mit der Geburt offenbar (und somit berechenbar), aber wie die früheren Betrachtungen in diesem Buch zeigen, steht das Horoskop bereits mit dem Inkarnationsentschluß der Seele fest.

10. Kraftort und Wachbewußtsein

In Traumreisen ist im Allgemeinen üblich, zunächst an einen inneren, visionären Kraftort zu gehen, sich dort zu verankern und zu stärken und dann zu der Reise zu dem ausgewählten Ziel aufzubrechen. Das Hara und das Dritte Auge erfüllen in den Meditationen, die sich auf die Chakren beziehen, eine ganz ähnliche Funktion, da sie als die Chakren des Wachbewußtseins der Ort bzw. das Bewußtsein sind, an dem wir während unserer Inkarnation bewußte Entschlüsse fassen können.

Daher findet sich in fast allen indischen Anleitung zur Erweckung der Kundalini im Wurzelchakra stets der Hinweis, daß man zunächst einmal das Dritte Auge erwecken sollte, um dadurch den in diesem Chakra "wohnenden" Willen zur Verfügung haben, mit dem man dann die erwachte Kundalinischlange vom untersten Chakra aus die Sushumna hinauflenken kann - ohne daß ein eventuelles unkontrolliertes Erwachen der Kundalini, die man dann unter Umständen nicht zu lenken in der Lage sein könnte, lediglich zu einer extremen Fixierung auf die Sexualität führt.

Die Benutzung des Dritten Auges im Zusammenhang mit dem Kundalini-Yoga führt zu einer Strategie, die entsprechend dem Charakter des Dritten Auges sehr zielbezogen ist. Das Ergebnis ist dann schließlich das Ruhen der Kundalini im Dritten Auge, so wie es auf indischen Miniaturen oder auch durch die Ikonographie der indischen Statuen dargestellt wird. Dasselbe Motiv findet sich auch im Alten Ägypten, wo der Pharao die Uräusschlange an seiner Stirn trägt oder im Alten China, wo der Drache stets der Wunschperle nachjagt, wobei der Drache die Lebenskraft des Wurzelchakras und die Wunschperle die Seele (als Sonne) ist, auf die sich der Wille im Dritten Auge vollständig konzentriert hat. Die Lebenskraft folgt immer den Bewegungen der Seele und durch das Dritte Auge kann man diesen Vorgang in Kooperation mit der Seele von Verzerrungen befreien.

In den tibitschen Anleitungen zum Erwecken des Tummo-Feuers wird die vorbereitende Konzentration auf das Hara bevorzugt. Dadurch entsteht, wie es das Wesen des Haras ist, eine zusammenhaltende Strategie, die schließlich sowohl die Lebenskraft des Wurzelchakras als auch das Bewußtsein des Scheitelchakras im Herzen in der Größe eines Senfkornes konzentriert.

11. Freuds Entwicklungsphasen

Das Herzchakra und die drei Chakrenpaare entsprechen Freuds vier Phasen der kindlichen Entwicklung. Im Gegensatz zu der Entwicklung des Systems der Chakren beim Embryo, die von einem Zentrum (Herzchakra) nach außen verläuft, die also als ein organischer Vorgang aus einem "Samen" heraus nach außen hin wächst und somit ein Vorgang des "Blitzstrahles der Schöpfung" ist, beschreiben die vier Freud'schen Entwicklungsphasen einen Erkenntnisprozeß, der folglich mit der Wahrnehmung der Welt und daher außen beginnt und allmählich zum Zentrum hin voranschreitet und somit ein Vorgang der "Schlange der Weisheit" ist.

Die erste, orale Phase ist durch eine allgemeine Offenheit und ein Nicht-Differenzieren gekennzeichnet, daß der ungeformten Lebenskraft des Wurzelchakras und dem abgrenzungslosen Bewußtseins des Scheitelchakras entspricht. - Die Erfahrung der Welt beginnt mit Ekstase.
Die astrologische Analogie hierzu ist die verbindende Qualität (bewegliche Tierkreiszeichen).

Die zweite, anale Phase ist durch das Schaffen von klaren Formen und Grenzen mithilfe des Haras und durch das Ausrichten des Willens des Dritten Auges auf konkrete Ziele hin geprägt. - Die Reaktion auf die Vielfalt der Welt besteht in der Unterscheidung und in der Bevorzugung von Erlebnissen.
Die astrologische Analogie hierzu ist die gestaltende Qualität (fixe Tierkreiszeichen).

Die dritte, phallische Phase ist durch das Erschaffen und Gestalten eines eigenen Lebensbereiches mithilfe des Sonnengeflechtes und durch das bewußte Zusammenwirken mit anderen Menschen mithilfe des Halschakras geprägt. - Auf der Grundlage von Unterscheidung und Bevorzugung wird die eigene Umgebung bewußt geprägt.
Die astrologische Analogie hierzu ist die erschaffende Qualität (kardinale Tierkreiszeichen).

Die vierte, genitale Phase ist durch das klare Bewußtsein über sich selber, das Ruhen in sich selber und das Erlangen der Fertigkeiten, die zum bewußten Gehen des eigene Weges notwendig sind, charakterisiert. Dies wird durch das Erwecken des Herzchakras erreicht. - Auf der Grundlage der Gestaltungsmöglichkeit seiner Umwelt drückt die Seele ihr Wesen in den Handlungen ihrer derzeitigen Inkarnation aus.

Zwischen Zeugung und Geburt entsthen zunächst aus der Identität im Herzchakra die Gefühle des Traumzustandes, aus denen sich dann die Formen des Wachbewußtseins entwickln, die schließlich zu der Intensität des Ekstasebewußtseins führen.

Nach der Geburt wirkt die Welt über den Kontakt auf das Ekstasebewußtsein, das dann vom Wachbewußtsein untersucht und strukturiert wird, um dann von den Gefühlen des Traumbewußtseins bewertet zu werden, was dann schließlich zu der Stellungnahme und dem Entschluß im Herzchakra führt. Dieser Vorgang ist zugleich ein Erfassen der Welt und ein sich-ausdrücken in der Welt. Im Idealfall werden dabei aus den verschiedenen Phasen reife, fähige, erfüllte Zustände

Entwicklung der Chakren (von links nach rechts; die Mitte ist die Geburt)							
Entstehung der Chakren von innen				*Prägung der Chakren von außen*			
			Scheitel-chakra	orale Phase	„orale Reife"	„orale Reife"	„orale Reife"
		Drittes Auge	Drittes Auge		anale Phase	„anale Reife"	„anale Reife"
	Halschakra	Halschakra	Halschakra			phallische Phase	„phallische Phase"
Herzchakra	Herzchakra	Herzchakra	Herzchakra				genitale Phase
	Sonnen-geflecht	Sonnen-geflecht	Sonnen-geflecht			phallische Phase	„phallische Phase"
		Hara	Hara		anale Phase	„anale Reife"	„anale Reife"
			Wurzel-chakra	orale Phase	„orale Reife"	„orale Reife"	„orale Reife"

12. traumatische Polarisierung

Das Wesen einer Traumatisierung besteht darin, daß man einen angst-besetzten Zustand nicht wieder auflösen konnte und daher in einem angstbegründeten Verhalten gefangen bleibt. In den Chakren zeigt sich dieser Zustand darin, daß es in einem der drei Chakrenpaare eine Polarisierung der Lebenskraft gibt: in einem der beiden Chakren befindet sich ein Energiestau und in dem anderen ein Energieloch. Diese ungleiche Verteilung entsteht dadurch, das in der das Trauma auslösenden gefährlichen Situation alle Lebenskraft mobilisiert wurde, um aus der Gefahrensituation zu entkommen, wobei diese Konzentration immer in einem der sechs äußeren Chakren stattfindet. In solchen Situation gibt es zunächst zwei mögliche Strategien: Flucht und Angriff. Eine traumatische Prägung kann dann entstehen, wenn beide Strategien offensichtlich aussichtslos sind, aber man diese Situation dann doch überlebt und nach ihrem Ende dann aber keine Möglichkeit findet, die zum Überleben konzentrierte Lebenskraft wieder fließen zu lassen.

Die typische psychische Struktur bei einer Traumatisierung ist die Kombination von Aggression und Depression, der der Betreffende meist recht hilflos gegenübersteht. Die Aggression entsteht in dem Chakra, in dem sich der Energiestau befindet und die Depression in dem Chakra, in dem sich das Energieloch befindet.

Wenn sich die Lebenskraft in einem der drei unteren Chakren, die durch die Lebenskraft geprägt sind, gestaut hat, neigt man dazu, nur seinen eigenen Bereich zu sehen, narzistisch zu werden, alles prägen zu wollen und alles für sich zu beanspruchen. Hat sie sich hingegen in einem der oberen Chakren gestaut, tritt die Außenorientierung des Bewußtseins in übertrieben Maße zutage: Helfen wollen, Anpassung, Orientierung am anderen usw. Der Energiestau in einem der drei unteren Charkren führt daher zu einem regressiven Verhalten, während der Energiestau in den drei oberen Chakren zu einem progressiven Verhalten führt.

Daher gibt es insgesamt sechs Formen der traumatischen Struktur, die davon abhängen, in welchem der sechs äußeren Chakren sich der Stau der Lebenskraft befindet, wobei jede dieser Strukturen einem bestimmten Verhaltenstyp entspricht, zu denen schließlich noch der nicht-traumatiserte bzw. der von seinem Trauma geheilte Herzchakra-Verhaltenstyp gehört:

a) Wurzelchakra - Scheitelchakra (oraler Bereich)

1. den helfenden Typ: Energiemangel im Wurzelchakra / Energiestau im Scheitelchakra - oral-progressiv = Nähe-gebend, Du-bezogen; da die vom äußeren Chakrenpaar aus gesehen "inneren" Chakren sich aufgrund der Störung im äußeren Chakrenpaar nicht entwickeln können, außerdem konfliktscheu (Hara/Drittes Auge), wenig Selbstwertgefühl (Sonnengeflecht/Halschakra) und nicht in sich ruhend (Herzchakra).

2. den hilfsbedürftigen Typ: Energiestau im Wurzelchakra / Energiemangel im Scheitelchakra - oral-regressiv = Nähe-suchend, Ich-bezogen; da die vom äußeren Chakrenpaar aus gesehen "inneren" Chakren sich aufgrund der Störung im äußeren Chakrenpaar nicht entwickeln können, außerdem konfliktscheu (Hara/Drittes Auge), wenig Selbstwertgefühl (Sonnengeflecht/ Halschakra) und nicht in sich ruhend (Herzchakra).

b) Hara - Drittes Auge (analer Bereich)

3. den sadistischen Typ: Energiestau im Hara / Energiemangel im Dritten Auge - anal-progressiv = Macht-suchend/ausübend; da die vom zweitäußersten Chakrenpaar aus gesehen "inneren" Chakren sich aufgrund der Störung im zweitäußeren Chakrenpaar nicht entwickeln können, außerdem wenig Selbstwertgefühl (Sonnengeflecht/Halschakra) und nicht in sich ruhend (Herzchakra).

4. den masochistischen Typ: Energiemangel im Hara / Energiestau im Dritten Auge - anal-regressiv = Macht -vermeidend/erleidend; da die vom zweitäußersten Chakrenpaar aus gesehen "inneren" Chakren sich aufgrund der Störung im zweitäußeren Chakrenpaar nicht entwickeln können, außerdem wenig Selbstwertgefühl (Sonnengeflecht/Halschakra) und nicht in sich ruhend (Herzchakra).

c) Sonnengeflecht - Halschakra (phallischer Bereich)

5. den Bewunderung suchenden Typ: Energiestau im Sonnengeflecht / Energiemangel im Halschakra - phallisch-progressiv = Anerkennung suchend; da das innerste Chakrenpaar gestört ist, außerdem wenig Selbstwertgefühl (Herzchakra).

6. den Bewunderung vermeidenden Typ: Energiemangel im Sonnengeflecht / Energiestau im Halschakra - phallisch-regressiv = Anerkennung gebend; da das innerste Chakrenpaar gestört ist, außerdem wenig Selbstwertgefühl (Herzchakra).

d) Herzchakra (genitaler Bereich)

7. den geheilten, entfalteten Typ: alle Chakren im Energiefluß (nach Freud: erfolgreich abgeschlossene genitale Phase).

13. obere und untere Chakren

Da in den unteren drei Chakren das Feuer dominiert, ist ihre Aufgabe vor allem das Handeln. Die drei oberen Chakren, in denen das Licht dominiert, haben hingegen vor allem die Orientierung zur Aufgabe. Daher sind die drei unteren Chakren vorzugsweise mit der Differenzierung und die drei oberen Chakren mit der Integration beschäftigt. Die drei unteren Chakren sind daher vor allem tagaktiv und erschaffen, während die drei oberen Chakren vor allem nachtaktiv sind und das tagsüber erlebte wieder integrieren. Daher überwiegt bei den drei unteren Chakren die Qualität des "Blitzstrahles der Schöpfung" und bei den drei oberen die Qualität der "Schlange der Weisheit".

Das bedeutet nun nicht, daß die drei unteren Chakren nur tagsüber aktiv sind und die drei oberen Chakren nur des Nachts - sie haben nur verschiedene Schwerpunkt ihrer Aktivität, die in ihrem erschaffenden bzw. integrierenden Wesen begründet liegen:

     - Das Sonnengeflecht prägt die Welt entsprechend der eigenen Motivationen, während das Halschakra diese Motivationen mit anderen koordiniert.

     - Das Hara erschafft und verteidigt die erwünschten klaren Formen, während das Dritte Auge nach genereller Orientierung in der Welt und somit nach gangbaren Wegen sucht.

     - Das Wurzelchakra nimmt Kontakt mit den konkreten Menschen und Dingen in der eigenen Umgebung auf, während das Scheitelchakra sich für das Bewußtsein der gesamten Situation öffnet.

Durch die oberen drei Chakren wird das, was im Herzchakra als Qualität vorhanden ist, nach außen hin in die Weite des Bewußtseins hinein verwirklicht, während durch die drei unteren Chakren diese Herzchakra-Qualität im Körper konkretisiert wird.

Die Absicht im Herzchakra wird durch das Halschakra der Welt gezeigt und ausgesprochen. Durch das Dritte Auge wird eine konkrete Richtung eingeschlagen, durch die dieses Ziel erreicht werden kann, und mithilfe des Scheitelchakras wird dieses Ziel schließlich erreicht und dadurch die eigene Qualität, die vorher keimhaft im Herzchakra lag, nun ein Teil der Welt, d.h. man erlebt sich durch sein Scheitelchakra als einen Teil der Welt, der diese Welt dadurch, daß man sich selbst in ihr ausdrückt, selber mitgestaltet. Das Halschakra verwandelt die Herzchakra-Qualität in einen in die Welt hinein gerichteten Impuls, der dann durch das Dritte Auge eine klare Form erhält, und durch dessen Verwirklichung man sich dann im Scheitelchakra als einen handelnden Teil der Welt erlebt, als eine Melodie in der Sinfonie der Ereignisse, als Erlebnis in dem grenzenlosen, alles umfassenden Bewußtsein.

Diese Absicht im Herzchakra wird durch das Sonnengeflecht zu einer inneren Haltung, zu einem Bedürfnis, zu einem Traum, der dann durch das Hara zu einer bewußten Haltung, zu einem konkreten Bild wird, das sich auf die konkreten Lebensumstände bezieht. Die Essenz dieses Hara-Bildes ist das Genießen, der freie Selbstausdruck. Im Wurzelchakra wird dieses Hara-Bild nun real umgesetzt, indem man die Grenze zu einer Sache oder Person im Außen auflöst. Diese Auflösung oder Öffnung der eigenen materiellen Grenzen kann vom Sehen, Hören, Riechen, Schmecken und Berühren über das Atmen, Trinken und Essen bis hin zum Orgasmus reichen - in jedem dieser Fälle findet ein konkreter Austausch zwischen der materiellen Welt und dem eigenen Körper statt. Aus der Herzchakra-Absicht wird im Sonnengeflecht ein Traum, dann im Hara eine bewußte Haltung und im Wurzelchakra schließlich eine konkrete Tat.

So wie die drei oberen Chakren die Absicht im Herzchakra nach außen tragen und schließlich einen Bewußtseinszustand herbeiführen, in dem man sich selber als "Selbstverwirklicher" im Bewußtseinskontinuum aller Dinge erlebt, so konkretisieren die unteren Chakren die Absicht des Herzchakras im eigenen inneren, bis man sich schließlich als "Selbstverwirklicher" im eigenen Körpers erlebt, durch den man genau das ausführt und erlebt, was der Absicht im Herzchakra entspricht.

> Die Knospen der drei unteren Chakren sind Gottes Schöpfungs-
> impuls - der differenzierende "Blitzstrahl der Schöpfung";
> die Knospen der drei oberen Chakren sind Gottes Selbstliebe - die
> vereinende "Schlange der Weisheit".

Die Blüten der drei unteren Chakren sind der Wille zu Leben - das Streben nach dem immer strahlenderen Selbstausdruck;

Die Blüten der drei oberen Chakren sind die Sehnsucht nach Gott - das Leben aus immer tieferen Quellen.

Die Früchte der drei unteren Chakren sind die Stärke - der feurige Tanz aus dem Hier und Jetzt heraus;

Die Früchte der drei oberen Chakren sind die Freude - der Tanz des Lichtes aus dem Überall und Immer in Gott hinein.

14. Geburt und Tod

Die Vorgänge nach dem Tod sind den Beschreibungen von Nahtod-Erlebnissen, Traumreisen in die Zeit zwischen zwei frühere Inkarnationen und den Forschungsergebnissen der tibetischen Lamas zufolge eine genaue Umkehrung der Vorgänge nach der Zeugung.

nach der Zeugung: (in der Folge von oben nach unten)	nach dem Tod: (in der Folge von unten nach oben)
die Seele geht ins Zentrum des Energiewirbels, der durch die sexuelle Vereinigung der zukünftigen Eltern entstanden ist	die Seele läßt die Lebenskraft los und erlebt nun wieder das Klare Licht, den natürlichen Zustand der Seele (dieser Vorgang kann bewußt und unbewußt ablaufen)
die Seele bindet sich an die befruchtete Eizelle	die Seele löst sich endgültig von der vergangenen Inkarnation
die Seele verdichtet die Lebenskraft und läßt dadurch in der Mitte des Wirbels aus Lebenskraft das Herzchakra entstehen	die gesamte Lebenskraft sammelt sich nun im Herzchakra, wo sich das Bewußtsein in dem zentralen Punkt des Herzchakras versammelt und sich dadurch wieder zum Seelenbewußtsein vereint
das Herzchakra sendet nach oben und unten die Sushumna wie einen Strahl ausstehen je drei Chakren	die Sushumna, in der sich nun alle Lebenskraft und somit alles Bewußtsein befindet, zieht sich nun in das Herzchakra zurück
oberhalb und unterhalb des Herzchakras entstehen aus der Sushumna heraus durch Polarisierung Ida und Pingala	das Bewußtsein, das an die Lebenskraft gebunden ist, zieht sich aus Ida und Pingala in die Chakren und die Sushumna
die Sushumna spiegelt sich selber in polarer Weise, wodurch Ida und Pingala entstehen	die Lebenskraft zieht sich aus dem Körper in Ida und Pingala zurück
die Psyche und die (indirekte) Wahrnehmung mithilfe der Sinnesorgane anstatt der (direkten) Wahrnehmung durch das Bewußtsein entsteht	die (indirekte) Wahrnehmung durch die Sinnesorgane endet und an ihre Stelle tritt die (direkte) Wahrnehmung durch das Bewußtsein, wobei sich die Psyche aufzulösen beginnt
Geburt	Tod

15. spirituelles Streben

Das spirituelle Streben hängt eng mit diesen acht Phasen, die man nach dem Tod erlebt, zusammen. Die älteste spirituelle Erfahrung, die in Analogie zu dem Erleben dieser acht Phasen nach dem Tod steht, ist die Jenseitsreise des Schamanen. Da diese acht Phasen auf der Struktur der Lebenskraft und somit auch auf der Struktur des Bewußtseins selber beruhen, stellen diese acht Phasen den natürlichen Weg von dem Alltagsbewußtsein (Malkuth) zu der Seele (Tiphareth) hin dar, die sich "räumlich" betrachtet im Zentrum des Körpers und des Chakrensystems befindet und die sich zeitlich am Anfang und am Ende eines Lebens, also der Existenz des Körpers und des Chakrensystems der betreffenden Inkarnation befindet.

Daher findet man in allen spirituellen Lehren diese zwei Übergänge, die der Schwelle und dem Graben auf dem Lebensbaum, also dem Übergang zwischen materiellem Körper und Lebenskraftkörper („Schwelle") sowie dem Übergang zwischen Lebenskraftkörper und Seele („Graben") entsprechen. Sie können in verschiedener Gestalt auftreten:

> Schwelle - Erlernen des Umganges mit der Lebenskraft: Traumreisen, Atemübungen, Lebenskraft-Lenkung, Asanas, Mantren, Runenübungen, Psychotherapien, Familienaufstellungen, Invokationen, Hellsehen, Runenübungen, Mesmerismus, Hypnose, Krafttiersuche, Orgon-Therapie, Bioenergetik, Imaginationsübungen, Tummomeditaiton, Kunfdaliniyoga, aufbauende Phase der höheren Yogas ... also das Erlangen der Fähigkeit, oberhalb der Schwelle in Yesod im Bereich der Lebenskraft wahrnehmen und handeln zu können.

> Graben - Erlernen des Umganges mit der Seele: Konzentration, Wille, Selbstliebe, Gedankenstille, Motivationsforschung, in sich Ruhen, Mandalameditationen, auflösende Phase der höheren Yogas ... also das Erlangen der Fähigkeit, oberhalb des Grabens in Tiphareth im Bereich des reinen Bewußtseins wahrnehmen und handeln zu können.

16. Körperentstehung, Entwicklung der Psyche, spirituelle Entwicklung und Tod

Die vier wesentlichen Vorgänge in der Psyche, also die Entstehung des Chakrensystems vor der Geburt, die Prägung des Zustandes der Chakren während der Entwicklung der Psyche, das bewußte Erfassen der Chakren durch spirituelle Übungen und schließlich die Auflösung des Chakrensystems nach dem Tod verlaufen innerhalb des Chakrensystems in verschiedenen Richtungen.

Durch diese vier grundlegenden Vorgänge innerhalb des Chakrensystems, die jeweils seine vier Bereiche, also die drei Chakrenpaare plus das Herzchakra, betreffen, ergeben sich insgesamt vier mal vier, also sechzehn wesentliche Phasen der Chakrenentwicklung während eines Lebens:

A) Entstehung der Chakren vor der Geburt:
1. Herzchakra (Tiefschlaf, Seelenbewußtsein) von Anfang an
2. Sonnengeflecht/Halschakra (Traum, Motivation) ab dem 3. Monat
3. Hara/Drittes Auge (Wachen, klare Formen) ab dem 8 Monat
4. Wurzelchakra/Scheitelchakra (Ekstase) ab der Geburt/ Säugen

B) Prägung der Chakren während der Entwicklung der Psyche:
5. Wurzelchakra/Scheitelchakra (Ekstase) in der orale Phase
6. Hara/Drittes Auge (Wachen) in der analen Phase
7. Sonnengeflecht/Halschakra (Träumen) in der phallischen Phase
8. Herzchakra (Tiefschlaf, Seele) in der genitalen Phase

C) Bewußtes Erfassen der Chakren durch spirituelle Übungen:
9. Hara/Drittes Auge: Entschluß zur spirituellen Reise
10. Sonnengeflecht/Halschakra: bewußte Integration durch Traumreisen u.ä.

11. Wurzelchakra/Scheitelchakra: bewußte Integration durch Bewußtseinstille u.ä.

12. Herzchakra: bewußte Integration durch Selbstliebe u.ä.
(die Reihenfolge der Phasen 10. - 12. kann variieren)

D) Auflösung der Chakren nach dem Tod:

13. das Wurzelchakra löst sich in das Hara hinein auf und das Scheitelchakra löst sich in das Dritte Auge hinein auf

14. das Hara löst sich in das Sonnengeflecht hinein auf und das Dritte Auge löst sich in das Halschakra hinein auf

15. das Sonnengeflecht löst sich in das Herzchakra hinein auf und das Halschakra löst sich in das Herzchakra hinein auf

16. die von unten kommende "rote" Lebenskraft/Bewußtsein vereint sich mit der von oben kommende "weißen" Lebenskraft/Bewußtsein

Neben diesen generellen, großen Phasen gibt es noch die täglichen Phasen der Chakrenaktivität, die sich in dem mit ihnen zusammenhängenden Bewußtseinszuständen zeigen:

- Tiefschlaf: Herzchakra
- Traum: Sonnengeflecht/Halschakra
- Wachbewußtsein: Hara/Drittes Auge
- Ekstase/Orgasmus: Wurzelchakra/Scheitelchakra

17. Chakren und Sephiroth

Die Zuordnung der sieben Hauptchakren zu den Sephiroth des Lebensbaumes des Kabbala ist wie folgt (wobei sich die Chakren auf den Bereich der Psyche, der Seele und der Verbindung zu den Gottheiten beschränken, da der materielle Körper eben materiell ist und Organe und nicht Chakren hat und da die oberen drei Sephiroth keine individuellen Strukturen mehr aufweisen):

                                    KETHER
Gott

            .... Auflösung
            BINAH   CHOKMAH
                        DAATH
Gottheiten
                        Scheitelchakra
            .... Abgrund
            GEBURAH   CHESED
             Halschakra   Drittes Auge
                        TIPHARETH
Seele
                        Herzchakra
            .... Graben
            HOD   NETZACH
             Hara   Sonnengeflecht
                        YESOD
Psyche
                        Wurzelchakra
            .... Schwelle
                        MALKUTH
Körper
                    (materieller Körper)

Das Herzchakra steht auf dem Lebensbaum im Zentrum eines Sechseckes, das man als eine Wabe oder auch als ein Hexagramm auffassen kann - und das Hexagramm mit dem Symbol der Sonne im Zentrum ist das Symbol auf dem Tor für die Traumreise zur eigenen Seele.

In Geburah und Netzach findet sich das Chakrenpaar, das für den Traumzustand und die phallische Phase, also für Bewertung, Motivation und Selbstausdruck zuständig sind. In der Psyche, also im Bereich der Lebenskraft unterhalb des Herzchakras in Tiphareth, findet sich diese Fähigkeit in Netzach (Sonnengeflecht) wieder, also im Bereich der Gefühle und Motivationen. In der Seele, also im Bereich des Bewußtseins oberhalb des Herzchakras in Tiphareth, findet sich diese Fähigkeit in Geburah (Halschakra), also im Bereich der Karmagestaltung wieder. Das Halschakra scheint auch im Zusammenhang mit dem Erinnern an frühere Leben eine wichtige Rolle zu spielen.

In Chesed und Hod findet sich das Chakrenpaar, das für den Wachzustand und die anale Phase, also für Klarheit, Bewußtheit, Unterscheidung, Kombinationsgabe und ähnliches zuständig sind. In den hebräischen Texten des Sepher Jezirah wird Chesed auch als die Wurzel von Hod bezeichnet - dort ist den Rabbis der Zusammenhang zwischen diesen beiden Sephiroth auch unabhängig von dem Zusammenhang zwischen den beiden ihnen entsprechenden Chakren aufgefallen. In der Psyche, also im Bereich der Lebenskraft unterhalb des Herzchakras in Tiphareth, findet sich diese Fähigkeit in Hod (Hara) wieder, also im Bereich der Gedanken und des "messenden Bewußtseins". In der Seele, also im Bereich des Bewußtseins oberhalb des Herzchakras in Tiphareth, findet sich diese Fähigkeit in Chesed (Drittes Auge), also im Bereich des Bewußtseins über die Gesamtfolge der eigenen Inkarnationen wieder.

In Daath und Hod findet sich das Chakrenpaar, das für die Ekstasezustände und die orale Phase, also für das Auflösen von Grenzen und das Verschmelzen mit einem größeren Bereich zuständig ist. In der Psyche, also im Bereich der Lebenskraft unterhalb des Herzchakras in Tiphareth, findet sich diese Fähigkeit in Yeosd (Wurzelchakra) wieder, also im Bereich der Lebenskraft und insbesondere des Orgasmus. In der Seele, also im Bereich des Bewußtseins oberhalb des Herzchakras in Tiphareth, findet sich diese Fähigkeit in Daath (Scheitelchakra), also im Bereich des Bewußtseins der Einheit aller Dinge wieder.

18. 3 Granthis / 3 Übergänge

Die drei Übergänge auf dem Lebensbaum, die mit den Sephiroth verbunden sind, die den sieben Chakren entsprechen (Schwelle, Graben, Abgrund), finden sich in dem klassischen indischen Chakrensystem in Form der drei Granthis wieder. Dies sind die drei Stellen auf der Sushumna, an denen die Lebenskraft beim Aufstieg vom Wurzel- zum Scheitelchakra ins Stocken gerät und erst einmal Widerstände auflösen muß.

Im Bereich des Wurzelchakras befindet sich das Brahma-Granthi, das der Schwelle auf dem Lebensbaum entspricht. Sein Charakter ist Hoffnungs-losigkeit, Lethargie und Unwissenheit, also eine ausschließliche Ausrich-tung auf die materielle Welt (Malkuth) aus Mangel an Bewußtheit darüber, daß es die Lebenskraft (Yesod) gibt und darüber, daß durch den bewußten Umgang mit der Lebenskraft das eigene Leben verändert werden kann. Dieses Granthi wird meist kurz oberhalb des Wurzelchakras erlebt, wo es z.B. Schmerzen im Kreuzbein hervorrufen kann. Diese Art von Hindernisse werden in Indien Tamas genannt.

Das Brahma-Granthi wird als zwischen dem Wurzelchakra (Yesod) und dem Hara (Hod) liegend erlebt, obwohl sich die Schwelle auf dem Lebensbaum unterhalb von Yesod befindet. Dies liegt daran, daß das Wurzelchakra bereits am unteren Ende des Körpers liegt und das Granthi sich somit nicht unterhalb von ihm befinden kann. Die Schwelle ist der Übergang, der den Körper von der Lebenskraft unterscheidet - entsprechend kann man sich das Brahma-Granthi als eine Hülle um das Wurzelchakra vorstellen, die verhindert, daß diese Kraft und ihre Möglichkeiten bewußt werden. Diese Hülle empfindet man logischerweise dann, wenn man das Wurzelchakra aktivieren will, also die die Lebenskraft von dort zu dem nächsthöheren Chakra, also dem Hara aufsteigen lassen will - weshalb man das Brahma-Granthi zwischen dem Wurzelchakra und dem Hara erlebt.

Die Auflösung des Brahma-Granthis erfolgt durch dasselbe, was auch für das Überqueren der Schwelle notwendig ist, da beides dieselben Strukturen beschreibt: das Erkennen der Lebenskraft. Dadurch wird dann die Gabe Yesods bzw. des Wurzelchakras erlangt: die Lebendigkeit. Wenn sich das Brahma-Granthi bzw. die Schwelle geöffnet hat, ist man wieder ganz in seinem Körper zuhause; dann sind alle Traumata aufgelöst worden und ist man zum Astralreisen in der Lage.

Im Bereich des Herzchakras befindet sich das zweite Granthi, das Vishnu-Granthi. Es verhindert die Erweckung des Herzchakras und staut die aufsteigende Lebenskraft (Tummo, Kundalini) daher unterhalb des Herzchakras (Tiphareth), wo man auch aufgrund der Analogie zu dem Lebensbaum die Entsprechung zu dem Graben erwarten sollte. Das Wesen dieses Granthis besteht in den in Indien Rajas genannten Schwierigkeiten: im Anklammern an andere Menschen, in Leidenschaft, Ehrgeiz und Überheblichkeit. Dies kann als ein Krampf im Herzchakra, als ein "Stein in der Brust" erlebt werden.

Die Auflösung des Vishnu-Granthis erfolgt durch dasselbe, was auch für das Überqueren des Grabens notwendig ist: die Liebe zu der eigenen Seele und das Ruhen in ihr. Dadurch wird dann die Gabe Tiphareths bzw. des Herzchakras erlangt: das in innerer Fülle und in liebender Wärme erstrahlende Herzchakra. Wenn sich das Vishnu-Granthi bzw. der Graben geöffnet hat, kann man endlich das Beste für sich wünschen - dann ist man mit seiner Seele ganz in seiner Lebenskraft zuhause, dann strahlt das Licht des Herzens in das eigene Lebensfeuer, in die eigene Leidenschaft und in die eigene Lebensfreude und man beginnt sein Leben auf schöpferische und begeisterte Weise zu tanzen.

Das dritte Granthi befindet sich unterhalb des Scheitelchakras (Daath), also an dem Ort, der auf dem Lebensbaum dem Abgrund entspricht. Dieses Granthi wird Rudra- oder Shiva-Granthi genannt. Das Problem ist hier ein Anklammern an das eigene Ego und seine Macht, die durch die Entfaltung magischer Fähigkeiten, die beim Aufsteigen der Kundalini bis empor zum Dritten Auge entstehen.

Die Auflösung des Rudra-Granthis erfolgt durch dasselbe, was auch für das Überqueren des Abgrundes notwendig ist: die Liebe zu der Gottheit, deren "Kind" die eigene Seele ist und das Loslassen jeglicher Abgrenzung. Dadurch wird die Gabe Daaths bzw. des Scheitelchakras erlangt: grenzenlose Freude, grenzenloser Gleichmut, grenzenlose Liebe und grenzenlose Barmherzigkeit - die vier Qualitäten, die Buddha als Merkmale eines Erleuchteten genannt hat.

Unterhalb des Abgrundes befindet sich auf dem Lebensbaum der Bereich der abgegrenzten Formen und oberhalb des Abgrundes befindet sich der abgrenzungslose Bereich. Analog dazu sind die sechs unteren Chakren unterhalb des Shiva-Granthis "abgegrenzte" und somit "individuelle" Chakren, während Daath oberhalb des Abgrundes, dem das Scheitelchakra entspricht, ein "abgrenzungsloses" und somit "überindividuelles" Chakra ist. Diese Qualitäten des Scheitelchakras, die der Sephirah Daath entsprechen, zeigen sich darin, daß das Erwachen des Scheitelchakras zur Auflösung der begrenzten Individualität führt und man sich dann als Teil des Ganzen, als eine Bewegung in einem Kontinuum erlebt.

Entsprechend wird die Kundalinischlange unterhalb des Shiva-Granthis als die eigene persönliche Kraft erlebt - eben als etwas abgegrenztes und individuelles, während sie oberhalb des Shiva-Granthis entsprechend der Analogie zur Sephirah Daath als eine allgemeine Kraft wahrgenommen wird, die in allen Dingen und eben auch in dem eigenen Körper fließt. Wenn die Kundalinischlange das Shiva-Granthi überquert und das Scheitelchakra erreicht, wird aus ihr die "Schlange der Weisheit", also die Kraft in allen Dingen, die nach der Erkenntnis der Einheit strebt.

Die Auflösung des Shiva-Granthis erfolgt durch dasselbe, was auch für das Überqueren des Abgrundes notwendig ist: das Loslassen aller Abgrenzung und stattdessen das Ruhen in der eigenen Qualität. Dadurch wird dann die Gabe Daaths bzw. des Scheitelchakras erlangt: das Leben im Kontinuum, das grenzenlose Bewußtsein, das die Vereinigung von Gleichmut, Liebe, Freundlichkeit und Freude ist. Wenn sich das Shiva-Granthi bzw. der Abgrund geöffnet hat, erlebt man eine ganz tiefe Daseinsberechtigung, ein "leben dürfen": ich spüre Gottes Freude über sich selber in meinem ganzen Körper und in meinem ganzen Bewußtsein - Gott tanzt seinen Tanz voller Freude und Liebe und Neugier in mir und in allen Dingen dieser Welt. Gott ist in meiner Seele, Gott ist meine Seele, Gott ist alles.

In der Namensgebung der drei Granthis zeigt sich der Zusammenhang zwischen dem Wesen der drei Gottheiten mit den drei Granthis bzw. den Chakren, zu denen sie gehören:

- Brahma, der Erschaffer ist der "Schutzpatron" der erschaffenden Lebenskraft im Wurzelchakra,

- Vishnu, der Erhalter ist der "Schutzpatron" der gestaltenden Seele im Herzchakra, und

- Shiva/Rudra, der Zerstörer ist der "Schutzpatron" der Auflösung aller Grenzen im Scheitelchakra, durch die die Einheit aller Dinge, das alles verbindende Gottesbewußtsein wiedererkannt und wiedererfahren wird.

Auch bei diesen drei Gottheiten findet sich wie bei allen dynamischen Dreiheiten (die also nicht statisch eine These, eine Antithese und eine Synthese darstellen) die astrologische Dynamik der Tierkreiszeichen wieder:

Brahma   - erschaffend (Widder, Krebs, Waage, Steinbock)

Vishnu   - erhaltend   (Löwe, Skorpion, Wassermann, Stier)

Shiva   - verbindend   (Schütze, Fische, Zwillinge, Fische)

19. 3 Schwingungspaare

In den tibetisch-buddhistischen und den japanisch-taoistischen Anleitungen zum Erwecken der Chakren wird insbesondere das Kreisen der Lebenskraft vom Wurzelchakra zum Scheitelchakra und wieder hinab beschrieben, das auf die Erweckung der Ekstase abzielt. Auf dem Lebensbaum liegt dieses Kreisen, diese Schwingung auf der Mittleren Säule zwischen Yesod (Wurzelchakra) und Daath (Scheitelchakra).

Durch die Verbindung dieser beiden Chakren mit der oralen Phase ergibt sich, daß dieses Kreisen und Schwingen zwischen zwei Polen letztlich alle in der oralen Phase entstandenen Verzerrungen, also die mit der Geborgenheit und dem Urvertrauen verbundenen Probleme der Psyche heilt: Wenn in diesem Chakrenpaar die Einheit aller Dinge (Scheitelchakra) bewußt wird, bejaht man jede einzelne kleine Flamme der Lebenskraft (Wurzelchakra), und wenn man in diesem Chakrenpaar den Tanz der Lebenskraft ohne jede Hemmungen tanzt (Wurzelchakra), dann erkennt man auch die Einheit der Welt (Scheitelchakra).

Es gibt aber noch zwei weitere Schwingungen: Die zweite dieser drei Schwingungen ist die Schwingung des Wachbewußtseins, die aus dem Kreisen der Lebenskraft zwischen Hara und Drittem Auge besteht. Auf dem Lebensbaum schwingt sie zwischen Hod (Hara) und Chesed (Drittes Auge). Diese Schwingung zwischen den beiden Chakren des Wachbewußtseins ist mit der analen Phase verbunden, woraus sich ergibt, daß diese Schwingung alle in der analen Phase entstandenen Verzerrungen der Psyche, also die mit Klarheit und Abgrenzung verbunden Probleme der Psyche heilt.

Die dritte dieser drei Schwingungen besteht aus dem Kreisen der Lebenskraft zwischen dem Sonnengeflecht und dem Halschakra. Auf dem Lebensbaum schwingt sie zwischen Netzach (Sonnengeflecht) und Geburah (Halschakra). Diese Schwingung zwischen den beiden Chakren des Traumbewußtseins ist mit der phallischen Phase verbunden, woraus sich ergibt, daß diese Schwingung alle in der phallischen Phase entstandenen Verzerrungen der Psyche, also die Probleme, die mit Anerkennung und Selbstausdruck zu tun haben, heilt.

Die vierte von Freuds Entwicklungsphasen des Kindes, die genitale Phase, in der das Ruhen in sich selber und die Fähigkeit zu sinnvollem Handeln erlangt wird, entspricht dem Herzchakra (Tiphareth), daß keine

Schwingung, sondern eine Eigenrotation durchführt, die die Grundlage für die Ausstrahlung des Herzchakras vor allem in der Gestalt der Sushumna ist, auf der alle andere Chakren letztlich beruhen. Das Bewußtsein, das mit dem Herzchakra verbunden ist, führt schließlich zu vollkommener Selbsterkenntnis, Selbstbejahung und zu einem selbstgestalteten Leben.

In der Regel werden in den Meditationsanleitungen nur die Herzmeditation oder das Kreisen der Lebenskraft zwischen Wurzel- und Scheitelchakra erwähnt. Dies hat durchaus einen soliden Grund: mit der Wurzelchakra-Scheitelchakra-Schwingung sind zwei der drei Granthis/Übergänge verbunden (Brahma-Granthi/Schwelle und Rudra-Granthi/Abgrund) und mit dem Herzchakra das dritte der drei Granthis (Vishnu-Granthi/Graben). Da die Übergänge über die Granthis die Hauptentwicklungschritte darstellen, können durch die Meditation über die Wurzelchakra-Scheitelchakra-Schwingung und die Meditation über das Herzchakra die drei wesentlichen Entwicklungsschritte verwirklicht werden.

In der Psychologie entspricht dies der Beobachtung, daß die beiden wirksamsten Ansätze zur Heilung der Psyche die Wiederherstellung des Urvertrauens (Wurzelchakra-Scheitelchakra-Schwingung) und die Befreiung und Wiederbelebung der Selbstliebe (Herzchakra) sind.

20. Opfer, Hingabe und Mandala

In Bezug auf die Chakren besteht die spirituelle Reise vor allem in der Konzentration auf das Herzchakra, also auf die Seele. Die Verwendung von Bildern, Atem und Mantren als Hilfsmittel bei der Konzentration auf die eigene Seele im Herzchakra müssen, um wirken zu können, noch von der Hingabe an die Seele begleitet werden - die eigene Seele muß zum Zentrum, zur Quelle und zum Ziel des eigenen Handelns werden.

Traditionell ist dabei auch das Opfer als Ausdruck des Loslassens und der Hingabe ein wichtiger Bestandteil, der letztlich ein symbolischer Ausdruck für die Jenseitsreise des Schamanen ist. Neben den mittelalterlichen Selbstgeißelungen im Christentum oder den schmerzhaften Zeremonien des indianischen Sonnentanzes, in dem man z.T. extreme physische Schmerzen erleidet, gibt aus auch andere Ansätze, um zu einem möglichst effektiven Opfern zu gelangen. Eine diese Formen ist z.B. das altindische Prajapati-Ritual, in dem derjenige, für den das Ritual durchgeführt wurde, seinen gesamten Besitz verschenkte und jegliche Bindungen aufgab, bis er schließlich symbolisch und tatsächlich vollkommen nackt und losgelöst dastand. Dieselbe Szenerie gibt es auch in der sumerischen Mythe von Innanas Unterweltreise, in der sie bei ihrem Weg in die Unterwelt durch sieben Tore (= Chakren/Planeten) gehen muß, wobei sie an jedem Tor eines ihrer Kleidungs- oder Schmuckstücke abgeben muß, bis sie schließlich vollkommen nackt zum Todesgott gelangt.

Symbolisch ist diese Unterweltsreise, an deren Ende man nackt dasteht, ein Loslassen des eigenen Körpers und der ganzen eigenen Psyche, bis man nur noch die reine Seele ist - wie vor der Zeugung der eigenen derzeitigen Inkarnation und wie nach der vollständigen Auflösung dieser Inkarnation nach dem Tod. Ein solches Ritual kann dazu führen, daß man die eigene Seele dann auch in reiner und unverzerrter Gestalt sehen kann - wodurch sich das weitere Leben dann vollkommen ändern und sehr viel erfüllter werden kann ...

Eine Weiterentwicklung dieser Vorstellung ist die tibetische Mandala-Symbolik. sie enthält mehrere Aspekte. Zunächst einmal ist solch ein Mandala ein konzentrisches Bild, das die Welt als Gesamtheit abbildet, so wie es auch bei dem Altar in dem altindischen Prajapati (="Allvater")-Ritual der Fall ist. Die zentrale Gestalt in dem Mandala sind zwei sexuell miteinander vereinte Gottheiten, wobei der Gott dem Feuer, dem Tummo und der Liebe entspricht, und die Göttin dem Bewußtsein, dem Bindhu und dem Erkennen der Einheit aller Dinge. In den acht Phasen der Auflösung nach dem Tod entsprechen diese beiden vereinten Gottheiten der 7. Phase, dem "Nachthimmel" in der sich die rote Lebenskraft aus dem Wurzelchakra mit dem weißen Bewußtsein aus dem Scheitelchakra im Zentrum des Herzens vereint und dadurch alle Illusionen und Verzerrungen auflöst. Dieser Auflösungszustand wird von vielen Mystikern als "Nacht" und von den Alchemisten als "Rabenkopf" bezeichnet. Aus ihm heraus wird dann die Erkenntnis der Seele, des Klaren Lichtes geboren wird. In dem Prajapati-Ritual ist das zentrale Element die goldene Statue des Prajapati im Zentrum des Altars.

Diese Mandalas werden als Grundlage für die tibetisch-buddhistischen Meditationen zunächst einmal durch farbigen Sand oder als Gemälde dargestellt. Dann werden diese Mandalas in allen Details imaginiert, wobei ein solches Mandala aus mehreren hundert Einzelgottheiten sowie der Szene einer konzentrisch aufgebauten Stadt bestehen kann, die in der Regel sehr detailreich ist. Das zentrale Götterpaar stellt dabei das Herzchakra (Seele) dar, die dieses Paar umgebende Stadt stellt den Bereich der Lebenskraft, also den Bereich der drei oberen und der drei unteren Chakren (Psyche) dar, und der Bereich außerhalb der Stadtmauern symbolisiert schließlich den materiellen Körper.

Mit diesem Mandala, das zunächst mit seinen Gottheiten aus der Perspektive eines äußeren Betrachters, also eines "Besuchers" in dieser Stadt imaginiert wird, identifiziert sich schließlich der Meditierende, wobei er nun die Perspektive des zentralen Götterpaares einnimmt, d.h. der Gottheit dieses Paares, die seinem eigenen Geschlecht entspricht. Durch diese Identifizierung mit der zentralen Gottheit innerhalb eines Mandalas, das die Gesamtheit des eigenen Wesens und ebenso die Gesamtheit der Welt darstellt, wird eine sehr intensive und sehr klare Ausrichtung auf die eigene Seele und eine sehr wirksame Identifizierung mit ihr erreicht.

Da diese beiden zentralen Gottheiten nun zudem mehr sind als ein Symbol, sondern eben Gottheiten, ist dieser Vorgang zugleich eine Invokation, also eine Identifizierung mit einer Gottheit - was die Qualität dieser Gottheit in die eigene Psyche fließen läßt und diese nach und nach von allen Verzerrungen reinigt.

Während der Zeiten, in der der Meditierende nicht meditiert, übt sich der Betreffende darin, alle Personen, Dinge und Erlebnisse in sein Mandala einzuordnen und dadurch schließlich auch alle seine Alltagserlebnisse als Teil seines Mandalas, also als Ausdruck einer der vielen Gottheiten des Mandalas zu erleben, sodaß schließlich das gesamte Alltagsgeschehen auch eine symbolische Ebene erhält, die jedes Ereignis gleichzeitig auch als einen Vorgang in dem Mandala erscheinen läßt.

Ein ähnliches Verfahren mit demselben Ziel beruht auf dem Betrachten von Analogien zwischen den Tätigkeiten im Alltag und den Phänomenen und Methoden der spirituellen Reise wie z.B. in dem Fall der Wäscherin oder des Kloputzers, die ihre Tätigkeit mit der Reinigung ihrer eigenen Chakren identifizieren und dadurch aus ihrer Arbeit eine effektive Meditation machen können. Die indischen Mahasiddhis und die tibetischen Lamas waren sehr erfindungsreich darin, solche Analogien und Hilfsmittel für den jeweiligen Hilfesuchenden zu ersinnen - was von ihnen als "Geschick in der Methode" bezeichnet wird. Durch diese beiden Verfahren wird schließlich das gesamte Leben mithilfe des Mandalas und mithilfe der Identifizierung mit der zentralen Gottheit des Mandalas um die Seele herum zentriert.

Da die zentrale Gottheit auch als der Ursprung des Mandalas und somit auch als der Ursprung der Welt angesehen wird, so wie die Seele der Ursprung des Chakrensystems und des Körpers ist, fließt letztlich jegliche Aufmerksamkeit und jedes sich-Orientieren zu dem Zentrum des Mandalas, also zu der eigenen Seele - was schließlich zum Erkennen der eigenen Seele führt. Die Methode beruht hier also darin, daß durch die Identifikation der eigenen Seele mit der zentralen Mandala-Gottheit Seele und Gottheit sowie Mandala und Welt verschmelzen, man also eins mit der Welt wird und dadurch das umfassende, grenzenlose Bewußtsein erlangt. Das Mandala ist das Bild der Welt und die Gottheiten das Bewußtsein ihn ihr, analog zu dem Bewußtsein im Körper des Menschen - durch die Identifizierung mit dem Mandala wird deshalb die vollkommene Einheit, die "Leere", Kether, Gott erreicht. Diese Mandala-Meditation ist die umfassenste Invokation, die es gibt, da man sich in ihr mit allem verbindet.

Es gibt unterstützend auch noch die Sitte, Brote in sehr einfacher Mandala-Form zu backen und diese den betreffenden Gottheiten im Tempel zu opfern, wodurch diese Hingabe an die Gottheiten durch dieses symbolische Opfern der gesamten Welt an die betreffende Gottheit auch noch eine rituelle Unterstützung erhält.

Das Mandala-System bezieht sich allerdings nicht in erster Linie auf die Seele und die Chakren, da diese nur ein Teil der Welt und somit vergänglich angesehen werden, sondern auf die Einheit hinter aller Vielheit. Die Chakren und die Seele bilden innerhalb der Mandala-Meditationen nur einen zum Erreichen der Erleuchtung sehr nützlichen "technischen Aspekt" - dessen Verwendung innerhalb der tibetisch-buddhistischen Mandala-Meditationen seinerseits den Charakter der Chakren und insbesondere die Sonderstellung des Herzchakras verstehen hilft.

21. Chakren und Sternentstehung

Es gibt in der Physik eine präzise Analogie zu der Struktur und der Entwicklung der Chakren: die Entstehung eines Sternes.

Zunächst befindet sich in einer Galaxie sehr viel „nebelhafte" Materie, die innerhalb der Galaxie strömt und kreist. Diese Materie ist wie sehr feiner Staub und Gas. An manchen Stellen treffen nun zwei solcher Ströme aufeinander und beginnen aufgrund der Schwerkraft wirbelförmig um ein gemeinsames Zentrum zu kreisen. Dieses Zentrum ist die Mitte des späteren Sternes.

Bei der Zeugung eines Menschen wird Lebenskraft des Vaters und der Mutter frei und beginnt in einem Wirbel zu kreisen. Dieser Wirbel ist das Zentrum des Herzchakras. Diesen Wirbel kann man auf Traumreisen oder in Erinnerungen an die Zeit vor die eigene Geburt deutlich erkennen.

In dieser mehr oder weniger kugelförmigen Wolke aus Sternenstaub wirken zwei Kräfte: die Gravitation zieht alle Materie in das Zentrum,während die Fliehkraft, die durch die Rotation entsteht, alle Teilchen nach außen zieht. Am „Äquator" der rotierenden Kugel ist diese Fliehkraft am größten und an ihren „Polen" am kleinsten, was dazu führt, daß sich diese Kugel an den Polen immer mehr abplattet.

Die rotierende Lebenskraftkugel um die befruchtete Eizelle folgt genau-derselben Dynamik und plattet sich ebenfalls ab.

Wenn zwei Teilchen miteinander kollidieren, verringert sich zumindest bei einem Teilchen die Geschwindigkeit, mit der es um das Zentrum der rotierenden Sternenstaub-Wolke kreist. Da die Fliehkraft aber von der Fluggeschwindigkeit abhängt, beginnt das langsame Teilchen nun zum Zentrum hin zu „abzustürzen". Auf diese Weise sammelt sich immer mehr Materie im Zentrum der Wolke und verdichtet sich dort nach und nach.

Auf dieselbe Weise sammelt sich auch Lebenskraft in der Mitte der Lebenskraftkugel an.

Nun hat die Sternenstaub-Wolke die klassische „UFO-Form" bekommen: ein rotierendes linsenförmiges Gebilde, das in seiner Mitte nach oben und unten eine kugelförmige Ausbeulung hat. Dies ist auch die Gestalt der meisten Galaxien, da auch sie rotierende Sternenstaub-Woleken sind – wenn auch sehr viel größere als die eines einzelnen Sternes.

Die Kugel ist das Zentrum des Herzchakras und die linsenförmige Scheibe findet sich in der klassischen Darstellung als die Blütenblätter der Chakren wieder. Auch das Rotieren der Chakren wird im Yoga immer wieder beschrieben.

Wenn sich genügend Materie im Zentrum der Wolke angesammelt hat, entsteht durch die Schwerkraft ein fester Körper, in dessen Inneren der Druck nach und nach so sehr steigt, daß dort eine Kernfusion in Gang kommt und der Stern daher von innen her zu glühen anfängt – der Stern beginnt zu leuchten.

Dies entspricht dem Beginn der Aktivität des Herzchakras, die man auch in der Meditation als liebevolles Leuchten des Herzchakras erleben kann.

Durch das Glühen strahlt der Stern nicht nur Licht, sondern auch Materieteilchen nach außen ab, die Sonnenwind genannt werden. Dieser Sonnenwind schiebt alle Materie in seinem Umfeld nach und nach wie ein Schneeschieber vor sich her, wodurch die sogenannte Stoßfront entsteht. Wie bei einem Schiff, daß durch einen See fährt, entsteht auch vor der Stoßfront, die durch den Sternenstaub „fährt", eine Bugwelle.

Der innere Bereich des Sonnenwindes, die Stoßfront und die Bugwelle bilden vom Herzchakra ausgehend die Aura des Menschen. Der Sonnenwind ist der innere, selbstgeprägte Bereich, die Stoßfront ist die äußere Hülle, an der Innen und außen zusammentreffen, und die Bugwelle ist die äußerste Schicht, also der Ort der Wahrnehmung.

Diese drei Schichten findet man oft dargestellt: Der Heiligenschein um den Kopf oder den ganzen Körper eines Heiligen oder Buddhas oder einer Gottheit. Dabei finden sich im Innenraum des Heiligenscheines oft Strahlen vom Herzchakra nach außen hin dargestellt und die äußere Begrenzung dieses Innenraumes besteht fast immer aus zwei Kreisen, zwischen denen oft wie vor dem Bug eines Schiffes Wellen dargestellt werden: die Stoßfront und die Bugwelle.

In dem Stern befinden sich auch Ionen, also elektrisch geladene Atome.

Wenn sich elektrische Ladungen bewegen, entsteht im rechten Winkel zur Bewegungsrichtung des Teilchens ein Magnetfeld. Bei einer Rotation wird dieses Magnetfeld zu einem Strahl gebündelt, der an den beiden Polen austritt. Auf diese Weise entstehen z.B. auch der magnetische Nord- und Südpol der Erde.

Auch die als Herzchakra rotierende Lebenskraft läßt einen solchen Strahl entstehen, der an den beiden Polen des Herzchakras nach oben und nach unten hin austritt: die Suhsumna.

Der Stern strahlt in seinem Sonnenwind unter anderem auch Ionen in den umliegenden Raum ab. An den Polen tritt dabei ein interessanter Effekt auf: Da die sich bewegenden Ionen auch ein Magnetfeld haben, werden sie von den Magnetstrahlen an den beiden Polen des Sternes ergriffen und in einer Kreisbahn bewegt. Zusammen mit ihrer geraden Flugrichtung ergibt sich dann eine spiralförmige Flugbahn für die Ionen, wobei sich die Ionen mit entgegengesetzter Ladung (+/-) auch in Spiralen mit entgegengesetzter Richtung bewegen.

Wenn man diese Bewegungen einmal auf ein Blatt Papier aufzeichnet, hat man in der Mitte des Herzchakra, aus dem nach oben und unten der gerade Strahl der Sushumna aufsteigt und neben ihnen die Bögen der beiden Spiralen, die von der Sushumna ausgehen, zu ihr zurückkehren, sie kreuzen, um dann von der anderen Seite wieder zu ihr zurückzukehren. Dies entspricht genau der klassischen Darstellung der beiden Seitenkanäle Ida und Pingala.

So wie auch die beiden Spiralen aus dem Magnetstrahl heraus entstehen, so werden auch im Yoga Ida und Pingala als Sekundärerscheinungen der Sushumna angesehen. Ida und Pingala enthalten das männliche und das weibliche Innenbild eines Menschen. Hier zeigt sich die Polarität der Lebenskraft (Yin-Yang, männlich-weiblich), die der „ +/-„-Polarität der elektromagnetischen Kraft entspricht. In der Sushumna selber findet sich das Bild der eigenen Seele.

Wenn eine Substanz in eine andere Substanz hineinfließt, bildet sich ein pilzförmiger Strudel, was man z.B. gut an Mündungen von Bächen in einen Teich beobachten kann. Auf dieselbe Weise bilden die Ionen, die in den beiden Magnetstrahlen von dem Stern fortfliegen, in jeder der drei

Schichten einen solchen pilzförmigen Wirbel: den ersten im Bereich des Sonnenwindes, den zweiten beim Durchfliegen der Stoßfront und den dritten beim Durchfliegen der Bugwelle.

Auch die Lebenskraft, die sich in Ida und Pingala bewegt, ruft solche Wirbel hervor, die dann die sechs äußeren Chakren bilden:

Im Innenbereich sind dies das Sonnengeflecht und das Halschakra, deren Gefühlscharakter und deren ungehinderter Selbstausdruck dem Strahlen des Sonnenwindes entsprechen.

In der zweiten Schicht sind dies das Hara und das Dritte Auge, deren Verstandescharakter und Struktur dem Zusammentreffen von Innen und Außen an der Linie der Stoßfront entsprechen.

In der dritten Schicht sind dies das Wurzelchakra und das Scheitelchakra, deren Wahrnehmungs- und Kontaktcharakter der Bugwelle entsprechen, die den Umraum um den Stern berührt.

Im Inneren des Sternes steigt durch die Kernfusion erhitzte Materie auf und strömt dann rings um den aufsteigenden Strahl anschließend erkaltet wieder nach unten hinab.

Dies ist auch die Grundbewegung innerhalb des Lebenskraftkörpers: Innen steigt die Lebenskraft als Kundalini vom Wurzelchakra zum Scheitelchakra hinauf und außen strömt sie am Rand des kugelförmigen Lebenskraftkörpers wieder zum Wurzelchakra hinab.

22. Drei Wege der Erweckung der Chakren

Es gibt mindestens drei verschiedene Wege, auf denen die Chakren erweckt werden können und die sich durch den Fluß der Lebenskraft unterscheiden.

Die indische Methode ist vermutlich die älteste. In dieser Tradition wird zunächst das Dritte Auge erweckt, um die Fähigkeit einer klaren Ausrichtung auf ein Ziel zu erlangen. Danach wird das Wurzelchakra erweckt und wenn das Kundalinifeuer dort erwacht ist, dieses Feuer die Chakren emporgeführt bis zum Scheitelchakra und dann wieder hinab bis zum Dritten Auge, wo diese Kraft dann ruhen bleibt. Das Dritte Auge ist dann die Wunschperle geworden, der der Kundalini-Drache immer nachfolgt - der Wille lenkt die Lebenskraft.

Von dieser Methode hat sich vor ca. tausend Jahren in Nordindien und später in Tibet eine andere Methode abgeleitet, die sich an den Vorgängen beim Tod orientiert. Zunächst wird das Hara erweckt, um eine solide, bewußte Basis zu erlangen. Dann wird auch hier die Kundalini, das Tummo-Feuer angeregt aufzusteigen. Wenn es dann das Scheitelchakra erreicht hat, beginnt von hier das Bindhu genannte "flüssige Licht", die "Milch der Himmelskuh" durch die Chakren bis zum Wurzelchakra herabzufließen und sich dabei mit dem Tummo-Feuer des Wurzelchakras zu vereinen. Danach steigt das mit dem Bindhu vereinte Feuer wieder bis zum Herzen auf, wobei sich bei diesem Prozeß die gesamte Lebenskraft diesem Prozeß anschließt.

Die dritte Methode orientiert sich an dem Schöpfungsvorgang zwischen Zeugung und Geburt ab. Zunächst wird mithilfe von Meditationen, Traumreisen und ähnlichem der Kontakt zur Seele im Zentrum des Herzchakra (Tiphareth) hergestellt. Dann werden in der inneren Schicht des Herzchakras, die die Seele umgibt, die beiden Spiegelbilder der Seele, der innere Mann und die innere Frau in ihrer ursprünglichen Reinheit in sexueller Vereinigung imaginiert. Diese beiden Spiegelbilder sind in ihrem Aussehen meistens eher "zeitlos". Dann wird die die Sushumna, die Mittlere Säule, der zentrale Lebenskraftkanal, der vom Herzchakra aus nach unten und oben ragt, imaginiert - er entspricht der Seele. Neben diesem

Zentralkanal werden dann Ida und Pingala imaginiert, die sich in jedem Chakra kreuzen - sie entsprechen dem männlichen und dem weiblichen Innenbild und auch den beiden äußeren Säulen des Lebensbaumes.

Nun werden sechs weitere Mann-Frau-Paare in den sechs Chakren imaginiert, deren Vereinigung dem sich-Kreuzen von Ida und Pingala entspricht und die den geheilten Zustand des jeweiligen Chakras darstellen, wobei Rot die Dominanz der Lebenskraft und des Feuers, Weiß die Dominanz des Bewußtseins und des Lichtes, und Golden die Qualität der Seele darstellen:

1. a) Wurzelchakra (4 Blütenblätter): ein rotes Paar, das Geborgenheit, Urvertrauen, Bejahung des eigenen Körpers, Freude am Erleben der Welt, Sexualität, Nähe, Anteilnahme und Kontakt ausstrahlt, und

1. b) Scheitelchakra (1000 Blütenblätter): ein weißes Paar, das Abgrenzungslosigkeit, offenes Bewußtsein, Liebe zu Gott und Hingabe, Gleichmut, Freundlichkeit und Barmherzigkeit ausstrahlt;

2. a) Hara (8 Blütenblätter): ein rotes Paar, das Stärke und Klarheit und Entschiedenheit sowie Standfestigkeit, Elastizität, Selbstschutz, klare Grenzen, Kampf und Tanz und in-sich-Ruhen ausstrahlt, und

2. b) Drittes Auge (256 Blütenblätter): ein weißes Paar, das Richtung, Entscheidung, Klarheit, Weitsicht, Orientierung in der Welt, Einsgerichtetheit und klare Ziele ausstrahlt;

3. a) Sonnengeflecht (10 Blütenblätter): ein rotes Paar, das körperliche Selbstbestimmtheit und freien Selbstausdruck, bewußte Haltung und Körperbewußtheit ausstrahlt, und

3. b) Halschakra (16 Blütenblätter): ein weißes Paar, das Selbstausdruck, soziale Selbstbestimmtheit, Aufrichtigkeit, Deutlich-keit, Offenheit und Direktheit ausstrahlt.

Es ist sinnvoll, durch die Art des Imaginierens der sechs äußeren Chakren auszudrücken, daß sie aus dem Herzchakra heraus entstanden sind. Zum einen kann man dies dadurch erreichen, daß man nach der Imagination des Herzchakras die Sushumna imaginiert, die nach unten als roter Strahl bis zum Wurzelchakra hin und nach oben als weißer Strahl bis zum Scheitelchakra hin aus dem Herzchakra austritt.

Zum anderen kann man dies auch dadurch erreichen, daß man sich vorstellt, daß das weibliche und das männliche Innenbild im Herzchakra sich in den sechs äußeren Chakren spiegeln, daß also die Innenbildpaare in den sechs äußeren Chakren einzelne Aspekte und Konkretisierungen des ursprünglichen Paares im Herzchakra darstellen.

Das Ziel dabei ist, daß sich das gesamte Chakrensystem bei dieser Imagination schließlich wie eine Blüte oder Pflanze anfühlt, die aus dem "Samen" der Seele im Zentrum des Herzchakras heraus entsteht.

Schließlich wird noch das goldene Paar in der äußeren Schicht des Herzchakras imaginiert, das die derzeitige Verwirklichung dieser Qualitäten darstellt, also ein Spiegelbild der Seele darstellt, das in sich die gesamte bisherige Biographie trägt und das den derzeitgen Zustand zeigt.

Die Seele im Zentrum des Herzchakras ist der Same, das Paar in der inneren Schicht des Herzchakras ist der noch unverzerrte, "neugeborene" Keim, und das Paar in der äußeren Schicht des Herzchakras ist der aus dem Keim entstandene Baum.

In der Imagination hat dieses letzte Paar daher in etwa das eigene tatsächliche Alter, wobei es idealerweise von dem Licht der Seele erfüllt ist und keine Verzerrungen mehr aufweist. Die Heilung dieses Paares in der äußeren Schicht des Herzchakras ist letztlich das Ziel, denn dann wird man in seinem Leben vollkommen seine Seele und ihr Spiegelbild mit dem eigenen Geschlecht ausdrücken sowie seine Seele und ihr Spiegelbild mit dem anderen Geschlecht in seinen Beziehungen ausdrücken. Dann singt die derzeitige Inkarnation klar und deutlich und ohne Verzerrungen durch ihre Art zu leben das Lied der eigenen Seele.

23. Integration der den Chakren entsprechenden Bewußtseinszustände

Man kann die spirituelle Entwicklung als die Integration der Chakren auffassen, was sich besonders anschaulich darstellen läßt, wenn man die Verhältnisse zwischen den den vier Bewußtseinszuständen entsprechenden Chakren bzw. Chakrenpaaren betrachtet:

- Tiefschlaf (Herzchakra),
- Traum (Sonnengeflecht und Halschakra),
- Wachen (Hara und Drittes Auge), sowie
- Ekstase (Wurzelchakra und Scheitelchakra).

Der Ausgangspunkt ist dabei stets das Wachbewußtsein, da man eben nur im Wachbewußtsein einen bewußten Entschluß fassen kann und alle diese Betrachtungen eben im Wachbewußtsein stattfinden. Daher ergeben sich zunächst einmal drei verschiedene Verbindungen, die das Wachbewußtsein und einen weiteren Bewußtseinszustand integrieren:

- das Wachen (Hara und Drittes Auge) verbunden mit dem Träumen (Sonnengeflecht und Halschakra): Dies ist der Zustand der Traumreise, der ansatzweise z.B. auch beim Deuten von Orakeln (z.B. Tarot) oder bei der Vorhersage zukünftiger Ereignisse auftreten kann. Dieses Bewußtsein ermöglicht die Wahrnehmung der eigenen Seele als bildhaftes Symbol sowie den bewußten Umgang mit der inneren Bilderwelt und den in diesen Bildern ausgedrückten Motivationen.

- das Wachen (Hara und Drittes Auge) verbunden mit der Ekstase (Wurzelchakra und Scheitelchakra): Dies ist der Zustand, der bei der Tummo- oder Kundalinimeditation erreicht wird und dessen "kleiner Bruder" der Orgasmus ist. Dieses Bewußtsein ermöglicht die Wahrnehmung der eigenen Seele als die strahlende Quelle der eigenen Lebenskraft sowie den bewußten Umgang mit der eigenen Lebenskraft.

–   das Wachen (Hara und Drittes Auge) verbunden mit dem Tiefschlaf (Herzchakra): Dies ist die Gedankenstille, also der vor allem im Zen-Buddhismus angestrebte Zustand vollkommener innerer Stille, also eines sich seiner selbst bewußten Bewußtseins, in dem es keine weitere Bewußtseinsobjekte, also Wahrnehmungen von Bildern, Gedanken oder Gefühlen mehr gibt. Dieses Bewußtsein ermöglicht

> 1. die Wahrnehmung der eigenen Seele als Bewußtseinszustand,

> 2. das Erkennen des Bewußtseins an sich, das sich im Wachbewußtsein mit Wahrnehmungen, Gedanken und Gefühlen und während des Traumes mit den in Bildern ausgedrückten Motivationen der Seele füllt, sowie

> 3. die kontinuierliche Aufrechterhaltung des Wachbewußtseins während des gesamten Wachens, Träumens und des Tiefschlafs.

Die nächste Stufe ist dann die Integration von jeweils drei verschiedenen Bewußtseinszuständen, wovon es wiederum drei verschiedene Möglichkeiten gibt, wobei auch hier natürlich das Wachbewußtsein immer eine der drei Komponenten sein muß, da diese Zustände ja vom Wachbewußtsein her angestrebt werden:

> - das Wachen (Hara und Drittes Auge) verbunden mit dem Traumzustand (Sonnengeflecht und Halschakra) sowie mit dem Tiefschlaf (Herzchakra): Dies ist der Zustand, der im tibetischen Buddhismus "Klares Licht im Traum" genannt wird. In ihm erwacht man zunächst im Traum bzw. begibt sich mithilfe einer Traumreise in die Integration von Wachen und Träumen und ruft dann in diesem Traum bzw. der Traumreise seine eigene Seele, d.h. das klare Licht von Tiphareth. Der Unterschied zu einer normalen Traumreise zur eigenen Seele besteht darin, daß man in diesem Fall nicht bei dem symbolischen, bildhaften Erleben der eigenen Seele, also bei der Reflektion von Tiphareth in der Lebenskraft (Yesod) stehenbleibt, sondern sich durch dieses Spiegelbild hindurch des Seelenbe-

wußtseins (Tiphareth) bewußt wird. Man erlebt also im Inneren der symbolischen Gestalt der eigenen Seele das sich-seiner-selbst-Gewahrsein der Seele, die objektlose Stille des eigenen Bewußtseins. Diese Möglichkeit des Erlebens ist einer der Gründe dafür, daß im tibetischen Buddhismus alle Gottheit als leuchtende Gestalten, die im Inneren leer, d.h frei von Strukturen und nur von Licht erfüllt sind, imaginiert werden.

- das Wachen (Hara und Drittes Auge) verbunden mit dem Traumzustand (Sonnengeflecht und Halschakra) und dem Ekstasezustand (Wurzelchakra und Scheitelchakra): Wie bei der vorigen Integration der Bewußtseinszustände geht auch diese Kombination zunächst einmal von der Vereinigung des Wachbewußtseins mit dem Traumbewußtsein entweder durch ein Erwachen im Traum oder durch eine Traumreise aus - also entweder durch die Bewußtwerdung im Traum oder durch den bewußten Eintritt in den Traumzustand. In diesem Fall wird von diesem Zustand aus nicht die Seele gerufen, sondern der Drache, also das Tummo-Feuer erweckt. Dazu ruft man entweder im Traumzustand den Drachen, die Kundalinischlange oder man führt im Traum-zustand die Meditationen durch, die der Erweckung des Kundalinifeuers dienen. Man beginnt also innerhalb der Traumreise damit, gezielt die eigene Lebenskraft zu lenken, sodaß sie schließlich zwischen dem Wurzelchakra und dem Scheitelchakra zu kreisen und zu schwingen beginnt, wodurch das Erlebnis der Ekstase hervor-gerufen wird.

- das Wachen (Hara und Drittes Auge) verbunden mit dem Tiefschlaf (Herzchakra) und dem Ekstasezustand (Wurzelchakra und Scheitelchakra): Diesen Zustand kann man entweder erreichen, in dem man von der Bewußtseinsstille aus die Lebenskraft zwischen den beiden äußeren Chakren kreisen läßt (was allerdings die Bewußtseinsstille behindern kann) oder indem man mit dem Kreisen der Lebenskraft zwischen Wurzelchakra und Scheitelchakra beginnt und dann, wenn diese Schwingung stabil geworden ist, in die Bewußtseinsstille geht. Dieser Zustand entspricht der traditionellen chinesischen Abbildung der Drachen (Lebenskraft - Ekstase - Yesod), die fast immer einer Wunschperle (Seele - Tiefschlaf - Tiphareth) nachjagen. In tibetischer Terminologie wird dieser Zustand als die Vereinigung von Leere (Tiefschlafbewußtsein der Seele) und Ekstase (Kreisen des Tummofeuers) bezeichnet.

Schließlich werden alle vier Bewußtseinszustände miteinander integriert. Der Weg zu diesem Zustand umfaßt zunächst einmal zwar die Bewußtwerdung aller vier Zustände des Bewußtseins (wobei das Wachbewußtsein der Ausgangspunkt ist), also das Erreichen der drei Zweierkombinationen mit dem Wachbewußtsein (Traumreise, Bewußtseinsstille, Ekstase), aber es sind nicht alle drei Dreierkombinationen notwendig, da man in der Regel von der Dreierkombination aus, die einem am leichtesten erreichbar ist, den vierten Bewußtseinszustand in diese Dreierkombination integrieren wird.

    - das Wachen (Hara und Drittes Auge) verbunden mit dem Traumzustand (Sonnengeflecht und Halschakra) und dem Tiefschlaf (Herzchakra) und der Ekstase (Wurzelchakra und Scheitelchakra), also der vollständigen Integration der sieben Hauptchakren: Dieser Bewußtseinszustand stellt die vollkommene Durchlässigkeit der Psyche, des Körpers und der Handlungen für die Ausstrahlung der Seele dar - das Wesen der Seele kann sich ungehindert auch noch in der kleinsten Regung des betreffenden Menschen ausdrücken, die Integration der Psyche bis hinauf zu der Seele durch die "Schlange der Weisheit" hat dazu geführt, daß der "Blitzstrahl der Schöpfung" sich ungehindert von der Seele bis in den Körper hinein entfalten kann, daß die Tiphareth-Sonne der Seele ohne irgendeine schattenwerfende Verzerrung in der Psyche bis in den Körper hinein strahlen kann - was man dann im allgemeinen Erleuchtung nennt.

Es geht, rein technisch gesehen, bei der Integration der vier Bewußtseinszustände darum, die Lebenskraft von allen Blockaden zu befreien und sie wieder fließen zu lassen: das Rotieren der Lebenskraft im Herzchakra bei den Vorgängen des Tiefschlafes, das Kreisen der Lebenskraft im Sonnengeflecht und Halschakra bei den Vorgängen im Traumbewußtsein, das Kreisen der Lebenskraft im Hara und im Dritten Auge bei den Vorgängen im Wachbewußtsein und schließlich das Kreisen der Lebenskraft im Wurzelchakra und im Scheitelchakra bei den Vorgängen der Ekstase. Aufgrund dieser "technischen Umstände" ist das Loslassen und das Fließenlassen eines der zentralen Elemente auf allen spirituellen Wegen.

24. Siddhis

Der Begriff "Siddhi" stammt aus dem Sanskrit und bedeutet "Fähigkeit", insbesondere die Fähigkeit, unerklärliche Dinge zu tun, Wunder zu vollbringen - "Siddhi" bezeichnet also vor allem also magisch-spirituelle Fähigkeiten. Dabei wird zwischen den niederen Siddhis, die Telepathie, Levitation, Vorhersage der Zukunft, Geistheilungen und ähnliches umfassen, und den höheren Siddhis unterschieden, die sich vor allem auf die Fähigkeit beziehen, selber die Erleuchtung zu erlangen und anderen dabei helfen zu können, ebenfalls diesen Zustand zu erlangen.

Die niederen Siddhis treten bereits bei den noch Suchenden, also durch das Erwecken der unteren Chakren auf, während die höheren Siddhis erst bei denen auftreten, die auch schon die meisten der oberen Chakren erweckt haben und dadurch die Erleuchtung bereits ganz erreicht haben oder ihr zumindest sehr nahe gekommen sind. Auf dem Lebensbaum gehören die niederen Siddhis zu dem Bereich zwischen Schwelle und Abgrund (= Wurzelchakra/Hara/Sonnengeflecht) und die höheren Siddhis zu dem Bereich oberhalb des Grabens (Herzchakra/Halschakra/Drittes Auge/ Scheitelchakra).

Der Begriff "Siddhi" wird auch als Bezeichnung für eine Person benutzt, die diese Fähigkeiten erlangt hat. Menschen, die die Erleuchtung erlangt haben und in großem Maße auch anderen zur Erleuchtung verholfen haben, werden "Mahasiddhis" genannt (Sanskrit: maha = groß).

Diese Siddhis stehen zum Teil mit bestimmten Chakren in Beziehung. In diesem Zusammenhang werden oft die verschiedensten Fähigkeiten mit "Siddhi" bezeichnet - es sind dann sozusagen die Fähigkeiten der Chakren, die bei deren Erweckung auftreten. Die folgende Auflistung ist sicherlich nicht vollständig, aber sie vermittelt zumindest einen Eindruck dieser Fähigkeiten. Die mit den Chakren verbundenen Fähigkeiten ergeben sich logischerweise auch aus ihren Eigenschaften, da die Fähigkeit schließlich die im außen im Wahrnehmen und Handeln sichtbar gewordenen Qualitäten der Chakren sind.

1. Muladhara-Siddhis:

Da das Wurzelchakra die Quelle der Lebenskraft ist, finden sich hier nicht nur die Instinkte, die Lebensimpulse und insbesondere der Sexualtrieb, sondern auch die Fähigkeit, nicht mehr oder nur noch selten krank zu werden - ein hohes Niveau an Lebenskraft im Körper verhindert die Ausbreitung von Krankheitserregern und, was noch wichtiger ist, es verhindert die Neubildung von Blockaden bzw. führt nach und nach zur Auflösung von Blockaden. Der letztere Aspekt entspricht den Vorgängen, die auch vom Rebirthing-Atem ausgelöst werden, nur daß er sich bei der Erweckung des Wurzelchakras über einen längeren Zeitraum hin erstreckt und somit in der Regel nicht so heftig ausfällt: durch den Anstieg des Lebenskraftniveaus brechen die Erstarrungen der Psyche, die identisch mit den Erstarrungen der Lebenskraft sind, schließlich zusammen, sodaß die Lebenskraft nach den dabei vorübergehend entstehenden Turbulenzen wieder frei im Körper fließen kann.

Dieses Fließen der Lebenskraft zeigt sich auch in einer vermehrten Fröhlichkeit. Die Lebenkraft selber kann im Wurzelchakra als Hitze und als eine kreisende, schlängelnde Bewegung, von der die Symbolik der Kundalinischlange und des Feuerdrachen mitbestimmt wurde, gespürt werden. Der Sexualtrieb kann für das Erhöhen des Lebenskraftniveaus im Körper genutzt werden, indem man die sexuelle Vereinigung (in der Regel ohne Orgasmus) wie im Tantra-Yoga und in der Tummo-Meditation als Hilsmittel für die spirituelle Entwicklung benutzt.

Durch die Konzentration auf das Wurzelchakra werden alle Triebe in ihrer ganzen Intensität bewußt, was zu einer vorübergehenden emotionalen Instabilität führen kann, die von Reizbarkeit bis zu Wutausbrüchen, von Weinen bis zu Lachen und von Rededrang bis zu Schweigsamkeit führen kann und die vor allem den Sexualtrieb deutlich erhöht. Wenn man diese Turbulenzen durchsteht und "Steuermann seines Schiffes" bleibt, stellt sich zumindest der erste Anflug des Gefühles ein, sein eigener König zu sein.

Durch das erhöhte Lebenskraftniveau kann sich auch Hellsehen, Hell-höhren, eine Lockerung des Astralkörpers (= Lebenskraftkörper), die man als ein leichtes Schwebe-Gefühl erleben kann, und schließlich auch eine deutliche Verfeinerung der Sinne, insbesondere des Geruchs- und Geschmackssinnes einstellen - schließlich entspricht dies Chakra der oralen

Phase, in der alles mit weit offen Sinnen ungefiltert wahrgenommen wird.

2. Swadhistana-Siddhis:

In diesem Chakra der Klarheit und Stärke und des eigenen Standpunktes steckt alles, was den eigen Standpunkt definiert, also auch das gesamte Karma und die Verhaltensgewohnheiten und somit auch noch ein großer Teil der Instinkte. Dieser unbewußte Anteil des eigenen Standpunktes ist in der Regel wesentlich größer und durchsetzungskräftiger und zudem voller innerer Widersprüche als der bewußte Anteil des eigenen Standpunktes.

Daher führt das Erhöhen des Niveaus der Lebenskraft in diesem Chakra z.B. durch Pranayama (Atemübungen) dazu, daß man mit seinen eigenen unbewußten Anteilen und seinem Karma und somit einer ganzen Reihe an heftigen Gefühlen und Erinnerungen, die das eigene Verhalten geprägt haben, konfrontiert wird. Es ist einiges an Willen und Entschlossenheit und Furchtlosigkeit notwendig, um die Kundalini durch das Hara aufsteigen zu lassen und weder vor den auftauchenden Gefühlen und Impulsen zu fliehen noch sich von ihnen zu unüberlegten Handlungen hinreißen zu lassen. Diese Szenerie entspricht unter anderem der Versuchung Buddhas durch Mara und der Versuchung Christi durch Satan.

Diese Versuchung besteht zunächst einmal darin, wieder in alte Verhaltensweisen zurückzufallen und, wenn man dem erfolgreich widerstanden hat, darin, den Weg des "Blitzstrahles der Schöpfung" zu gehen und zu erschaffen statt weiter zu integrieren, was sich dann insbesondere in dem gesteigerten Sexualdrang zeigt, statt den Weg der "Schlange der Weisheit" zu gehen und seine Kraft zu sammeln und zu steigern und dadurch schließlich zu dem nächsthöheren Chakra aufzusteigen.

Durch das Reinigen und Heilen und Aktivieren dieses Chakras, in dem das eigene Krafttier wohnt, wird man zum "Herrn der Tiere": Pan, Cernunnos, Seth ...

Da in Muladhara die Lebenskraft noch ungeformt ist und hier in Swadhistana schon durch einen kleinen Anteil an Bewußtsein individualisiert wird, was zu der Tiersymbolik in diesem Chakra führt, erlangt man durch das Erwecken dieses Chakras die Fähigkeit, Wesen wahrzunehmen, die keinen materiellen Körper haben wie z.B. die Seelen

Verstorbener oder die keinen individuellen materiellen Körper haben wie z.B. Elfen. Dieser im Verhältnis zu Muladhara größere Bewußtseinsanteil in Swadhistana spiegelt sich auch darin wieder, daß Swadhistana die Analogie zu Hod ist.

In diesem Chakra stellt sich zum ersten Mal das intuitive Wissen ein, da man hier beginnt, nicht nur die Lebenskraft selber wie in Muladhara, sondern auch erste Strukturen wahrzunehmen, die dem Bewußtseinsanteil in diesem Chakra entsprechen.

3. Manipura-Siddhis:

Die beiden untersten Chakren sind tendenziell lethargisch oder besser gesagt, auf den Genuß hin ausgerichtet. Das Sonnengeflecht hingegen ist durch seinen größeren Anteil an Bewußtheit aktiv und erobernd. Dieser größere Bewußtseinsanteil führt dazu, daß ein Rückfall in die völlige Verstrickung in die Leidenschaften, die in den beiden untersten Chakren wohnen, recht unwahrscheinlich ist. Aus dem Mitschwingen mit der Lebenskraft des Wurzelchakras (orale Phase) und dem Unterscheiden der verschiedenen Gestalten, in denen die Lebenskraft auftritt, durch das Hara (anale Phase), folgt nun der Selbstausdruck, die bewußte Lenkung, die hier weitergeht als bei dem Herrn der Tiere im zweituntersten Chakra, der eher eine Bewußtwerdung der eigenen Tiernatur und nicht ein Lenken und Auswählen und Planen ist wie hier im Sonnengeflecht, dessen Haltung man den Organisator oder den "Geschäftsführer" nennen könnte (der "Unternehmer" sitzt im Herzchakra).

Um das Sonnengeflecht vollständig zu erwecken, muß man sie immer wieder von Muladhara aus hinaufholen, bis sie schließlich hier im Sonnengeflecht stabil bleibt und permanent erwacht ist. Wenn dies erreicht worden ist, wird sie ohne weiteres eigenes Zutun weiter die nächsten Chakren entlang aufsteigen.

Auffällig an der Kundalinischlange ist auch, daß sie zwar schon in den zwei untersten Chakren als sich schlängelnde Hitze erlebt wird, aber erst im Sonnengeflecht richtig heiß und gebündelt wird und eine Eigendynamik entwickelt, durch die sie weiter aufsteigt. Die Kundalini ruht in Muladhara, steigt mit Mühe durch Swadhistana auf und erwacht dann richtig in

Manipura. Dies stimmt damit überein, daß Manipura die Fähigkeit zur bewußten Lenkung der eigenen Lebenskraft darstellt. Die Eigendynamik der Kundalinischlange beruht also darauf, daß die Lebenskraft hier in eine ausreichend starke Schwingung gebracht worden ist, wobei diese Schwingung das eigene Bewußtsein ist. Anders gesagt ist der Wille bzw. die Bewußtheit in Manipura stark genug, um die Lebenskraft zu lenken. Das Erreichen von Manipura ist wie das Erreichen einer kritischen Masse, ab der sich ein Vorgang verselbständigt und sich selber verstärkt. Solche sich selbst verstärkenden Vorgänge sind ein Grundmerkmal der gesamten Biologie und werden in den meisten Fällen durch Katalysatoren oder Enzyme gefördert. Die Rolle dieser Enzyme und Katalysatoren übernimmt bei der Chalrenerweckung die Meditation, insbesondere die Mantren-Meditation in Verbindung mit Pranayama.

Es ist daher nicht verwunderlich, daß mit Manipura die Bewußtheit über den gesamten eigenen physischen Körper verbunden ist, durch die man eine genaue Kenntnis des Aufbaues und der Funktionsweise des eigenen Körpers erlangen kann. Daraus ergibt sich weiterhin, das die Freiheit von Krankheiten durch das Erwachen dieses Chakras noch weiter stabilisiert wird. In Muladhara beruhte die Gesundheit nur auf dem hohen Niveau an Lebenkraft, während sie hier auch auf der sinnvollen Verteilung der Lebenskraft im eigenen Körper beruht.

In diesem Chakra wird in vielen indischen und tibetischen Meditationen ein wichtiger Vorgang durchgeführt: Das Licht, das von Sahasrara durch die Sushumna herabströmt, wird durch das Erwachen dieses Chakras wieder hinaufgesandt, was dazu führt, daß man weniger trieb- und sexualitätsfixiert wird und statt dessen ein sehr langes Leben erreicht - man bewahrt seine Lebenskraft statt sie nach außen verströmen zu lassen. Manipura ist also das Chakra, in dem der Fluß der Lebenskraft erkannt und die Entscheidung getroffen wird, nicht mehr dem "Blitzstrahl der Schöpfung", sondern der "Schlange der Weisheit" zu folgen. Diese Einsicht und die Fähigkeit zum Lenken liegt logischerweise hier in dem Chakra, das zu der Sephirah Netzach gehört.

Aufgrund dieser Funktion des Sonnengeflechtes beginnen viele tibetische Meditationen mit der Erweckung der Kundalini in diesem Chakra und nicht im Wurzelchakra.

Mit diesem Vorgang ist eine zweite Dynamik verbunden, die dabei hilft, die Kundalini vollständig in Manipura zu erwecken: Im Normalfall gibt es zwei gekoppelte Lebenskraftflüsse im Körper - der 1. (Prana) fließt beim Einatmen vom Halschakra hinab zum Sonnengeflecht und der 2. (Apana) gleichzeitig vom Sonnengeflecht hinab zum Wurzelchakra; beim Ausatmen steigen beiden wieder auf. Die Atemübung zum Erwecken der Kundalini in Manipura besteht nun darin, den Fluß der Lebenskraft zwischen Muladhara und Manipura (Apana) umzukehren, sodaß sich beide Lebenskraftströme am Ende des Einatmens in Manipura "wie mit einem Kuß" treffen, wie es sowohl die indischen als auch die tibetischen Meditatinsanleitungen beschreiben.

Durch das Erwachen von Manipura entsteht eine spirituelle Perspektive, die unter anderem die übermäßige Faszination durch die übersinnlichen Begabungen, die man bis dahin bereits erlangt haben mag, beendet. In diesem Chakra, das Netzach entspricht, findet sich wie in Netzach die Orientierung an dem Höheren, an der Seele. Dieses Prinzip des Selbstausdruckes, die auch die Grundlage dafür ist, daß man nicht mehr übermäßig von Telepathie, Telekinese, dem Vorhersehen der Zukunft u.ä. fasziniert ist, hat auch noch andere Auswirkungen: man beginnt, aktiv sein eigenes Schicksal zu gestalten und man erreicht eine neue Selbstverständlichkeit und Sicherheit in der Selbstverteidigung und in der Treue zu sich selber.

Da das Sonnengeflecht den bewußten Umgang mit der Lebenskraft vermittelt und somit auch eine differenzierte Wahrnehmung der Lebenskraft in einem selber und auch um einen herum beinhaltet, findet sich hier als besondere Fähigkeit das Erkennen, wo sich verlorene Gegenstände, verborgene Schätze oder vermißte Personen befinden.

In Tibet ist ein einfachen Test üblich, durch den man, wenn man ein Lama werden will, nachweisen kann, daß die Kundalinischlnge bzw. das Tummofeuer, wie man es in Tibet nennt, das Sonnengeflecht erreicht hat: man muß innerhalb einer Nacht bei klirrendem Frost fünfmal nacheinander in der Lage sein, das Eis eines Flusses aufzuhacken, seine Kleidung ins Wasser zu halten und dann durch die Tummo-Feuer-Meditation wieder zu trocknen. Diese Meditation ist auf dem eisigen "Dach der Welt" sehr nützlich, insbsondere wenn man für lange zeit, z.T. mehrere Jahre, in einer Höhle in den Bergen meditiert.

4. Anahata-Siddhis:

Das Aufsteigen der Kundalini bis nach Anahata entspricht der Bewußtwerdung der eigenen Seele in Tiphareth. Daraus ergibt sich, daß mit dem Erwachen des Herzchakras eine deutlich größere Gedankenkontrolle (Hod) und Gefühlskontrolle (Netzach) verbunden ist. Durch die Überquerung des Grabens durch die nach Tiphareth aufsteigende "Schlange der Weisheit" bzw. Auflösung des Vishnu-Granthis durch die zum Herzchakra aufsteigende Kundalinischlange werden die Gefühle wieder ein reiner Ausdruck der Seele und die Gedanken ein Helfer beim Ergründen der Welt, wodurch beide wieder zu einer Unterstützung statt einer Behinderung des spirituellen Strebens (Tiphareth) werden. Damit ist weiterhin auch die Fähigkeit zu einer großen Konzentration und die Beherrschung der Sinne (Yesod) verbunden.

Bis zum Erreichen von Manipura befindet sich das Bewußtsein in einem abhängigen Denken, in einem desorientierten Fühlen und in einem ungerichteten Wahrnehmen - man ist also in dem bereits Erschaffenen, in den in der Vergangenheit entstandenen Strukturen gefangen. Durch das Erwecken von Anahata entsteht nun die Fähigkeit zu unabhängigem und kreativem Denken, zu klaren Gefühlen, die ein Ausdruck der eigenen Seele sind, und zu aufmerksamer und bewußt gelenkter Wahrnehmung.

Wenn das Herzchakra erwacht ist, endet die Vorstellung von einem starren Determinismus und ebenso der einengende Schicksalsglaube. Das Schicksal ist zwar weiterhin real, aber es kann durch den Willen, also den Selbstausdruck der Seele im Herzchakra verändert werden. Man beginnt, ganz von innen heraus zu leben, statt von außen her bestimmt zu werden - wenn man das Herzchakra erreicht, hat man das Grabenmandala vollendet, Tiphareth erreicht, seine Seele erkannt, die Mitte seines Horoskopes erreicht. Man erkennt bereits in Manipura, daß es einen kreativen, selbstbestimmten Umgang mit dem eigenen Schicksal gibt, aber wie dies konkret möglich ist, erkennt man erst, wenn das Herzchakra erwacht ist.

Diese durch das Erwachen von Anahata sich entfaltende Herzqualität führt zu dem Wachsen von Weisheit und von Barmherzigkeit, zu einem menschlichen und lebensbejahenden Handeln, und oft auch zu dem Beginn von tiefen Freundschaften sowohl zu Männern als auch zu Frauen und schließlich zum Helfen, Heilen und Lehren.

Die mit Anahata verbundene Fähigkeit, sein Leben selber zu gestalten, erfordert ein großes Maß an Kontrolle über die eigenen Gefühle, Gedanken und Vorstellungen. Es ist ab dem Erwachen dieses Chakras notwendig, in sich alle Gefühle, Gedanken und Vorstellungen auf das auszurichten, was man erreichen, ausdrücken und verwirklichen will, also auf die eigene Seele in Tiphareth, denn sonst läuft man Gefahr, die eigenen Ängste und Süchte in einer weit größeren Intensität als mit einem "schlafenden Herzchakra" zu realisieren.

Dieser Zusammenhang wird durch das kleine, "Wunschbaum" genannte Chakra kurz unterhalb des Herzchakras dargestellt, daß dem durchlässig gewordenen Graben auf dem Lebensbaum entspricht. Ein anderes Bild für diesen Zusammenhang ist der Drache, also der Fluß der Lebenskraft, der stets der Wunschperle, also den eigenen Vorstellungen, folgt.

Die durch das Erwachen des Herzchakras entstehende Qualität, die auch die Voraussetzung für den sinnvollen Umgang mit dem Wunschbaum ist, ist das positive Denken, die vollkommene Selbsttreue, der Optimismus, die Hoffnung, das Vertrauen in die Zukunft, die Erkenntnis, daß jede Situation, in der man sich befindet, die gerade bestmögliche Situation ist, und daß die Zukunft stets hell ist - alles ist perfekt arrangiert und man heißt es mit Freude willkommen, auch wenn man das Arrangement noch nicht ganz in jedem Detail (oder auch einmal überhaupt noch nicht) versteht. Es gibt nach einer Weile nach dem Erwachen des Herzchakras keine Unterscheidung mehr in "gut" und "böse", denn alle Ereignisse werden als sinnvoll erlebt.

Diese Haltung ist keineswegs ein "Verschließen der Augen vor der „harten Realität", sondern einfach die Erkenntnis, das man weder die Realität ändern kann noch sich selber treu bleiben und sich selbst ausdrücken kann, wenn man zuläßt, daß die Welt die eigene Psyche und das eigene Handeln bestimmt und prägt. Durch das Erwachen des Herzchakras ist die Richtung der Gedanken und Gefühle vom Herzen nach außen hin gerichtet und man leuchtet - statt wie vorher sich als ein Mangelwesen zu sehen, daß etwas aus der Welt braucht, um seine innere Leere auszufüllen, und daher ein die Lebenskraft aufsaugender "Vampir" ist.

In Anahata erwacht die strahlende, leuchtende und wärmende Liebe im Herzen - man beginnt die "Substanz" des Seelenebreiches wahrzunehmen. Dadurch entsteht eine Liebe ohne Erwartungen, die in sich eine Quelle der Freude ist. Es entsteht spirituelles Mitgefühl, das an die Stelle des egozentrischen Mitgefühles tritt. Es entstehen spirituelle Inspirationen. Man beginnt, über die Liebe zu meditieren, Bakhti-Yoga auszuüben, eine Gottheit zu verehren und entdeckt eine ganz neue Art der Liebe zu anderen Menschen, die von den Reaktionen und Handlungen dieser Menschen vollkommen unabhängig ist.

Da die Kundalini nun den Bereich der Seele erreicht hat, erlangt man die Fähigkeit, nun auch die Gefühle, die in Manipura beheimatet sind, klar zu erkennen - sowohl die eigenen als auch die der anderen Menschen. Gleichzeitig verbessert sich die Klarheit und die Intensität des Hellsehens, Hellhörens und der Psychokinese, da diese Yesod-Fähigkeiten nun von Tiphareth aus gelenkt werden können.

Durch diese Steigerung der "PSI-Fähigkeiten" erlangt man nun die Möglichkeit, andere Personen durch Rat, Berührung oder Übertragung der eigenen Lebenskraft zu heilen. Der Kern dieser Art der Heilung ist die Resonanz zwischen dem Herzchakra des Heilers und dem Herzchakkra des Menschen, der geheilt wird, wodurch sich dieser Mensch wieder in einem mehr oder weniger großen Maß an seine eigene Seele erinnert und wieder spürt, daß er nichts anderes sein muß, als er ist, um glücklich zu sein.

Im Zusammenhang mit dem Erwachen von Anahata treten oft Visionen und Träume von Musik auf, was darauf hinweist, daß durch das Erwecken des Herzchakras die Vorgänge in Yesod zu einem kreativen, rhythmischen und in sich schlüssigen und organischen Fließen aus einer Quelle heraus (Tiphareth) werden.

Die beiden bekanntesten traditionelle Mantren, mit denen das Herzchakra erweckt werden kann, sind das indische "Om Shanti", was soviel wie "allgegenwärtige Harmonie (Dharma, Ma'at)" bedeutet, und das tibetische "Om Ah Hum", wobei sich "Om" auf das Scheitelchakra und sekundär auch auf das Dritte Auge bezieht, "Ah" auf das Halschakra und "Hum" auf das Herzchakra und somit eine Anrufung des Lichtes in das Herzchakra hinab darstellt ("Blitzstrahl der Schöpfung").

5. Vishuddhi-Siddhis:

Durch das Erwachen des Halschakras verändert sich wieder der eigene Standpunkt und wird nun stärker durch das Bewußtsein als durch die

Lebenskraft geprägt, was dazu führt, daß man beginnt, die Ansicht zu entwickeln, daß das Leben Erfahrungen bereitstellt, durch die das Verstehen wächst, und daß diese Erfahrungen auf den Ansichten der eigenen Seele beruhen, also auf dem Karma, das sich in der diesem Chakra entsprechenden Sephirah Geburah befindet. Daraus ergibt sich, daß man die Vollständigkeit aller Erfahrungen anstrebt und die Dinge geschehen läßt anstatt sie festzuhalten oder abzulehnen.

Der Unterschied zu dem Standpunkt des Herzchakras liegt darin, daß man durch das Herzchakra überhaupt erst die eigene Seele als das Element, das das ganze eigene Leben prägt, entdeckt, und daß man nun im Halschakra die weitere Sicht entwickelt, daß man durch seine ganzen Leben eine immer größere Erfahrungsvielfalt anstrebt, um sich selber immer besser ausdrücken zu können - der Standpunkt des Herzchakras ist wie eine Perle und der Standpunkt des Halschakras wie eine Perlenkette ...

Diese Erweiterung der Perspektive ist typisch für das Halschakra, durch dessen Erwachen man beginnt, in die Vergangenheit, die Zukunft und in die Ferne sehen zu können. Gleichzeitig entsteht die Fähigkeit, größere Zusammenhänge und Ursache-Wirkungs-Folgen erkennen zu können. Dies führt wiederum dazu, daß man den Ursprung der eigenen Impulse unterscheiden kann. Die Gabe, kausale Zusammenhänge erkennen zu können, führt weiterhin dazu, daß man intuitiv die Inhalte der verschiedenen heiligen Schriften erfassen kann, ohne sie zu lesen, da es in diesen Schriften eben um die Darstellung dieser Zusammenhänge geht.

Da Vishuddhi das Geburah-Chakra ist, findet sich hier auch das Thema des Fegefeuers: das Halschakra ist das Chakra der Reinigung und der Verwandlung. Dies zeigt sich besonders deutlich in der mit diesem Chakra verbundenen Fähigkeit, auch tödliche Gifte essen bzw. trinken zu können und sie in unschädliche Substanzen zu verwandeln, wie dies des öfteren von Yogis demonstriert wird. Auf die Psyche bezogen stellt diese Gabe die Fähigkeit dar, alles Leid zu integrieren und in mit Freude angenommene und optimal genutzte Erfahrungen umzuwandeln - was der sinnvollste Umgang mit Karma ist.

Aus dieser Gabe ergibt sich logischerweise die Freiheit von jeder Krankheit und die Unverletzlichkeit bzw. das von Geistheilern verschiedener Kulturen demonstrierte sofortige Verheilen von Wunden, die durch Unfälle, durch freiwillige Verletzungen im Zusammenhang mit asketischen Übungen wie z.B. das Durchstechen der Zunge mit einem Messer oder durch Operationen ohne Betäubung oder Sterilisation (und ohne Schmerzen dessen, der operiert wird) entstanden sind.

Diese Fähigkeit, alle Gifte und alles Leid zu verwandeln und jede Verletzung zu heilen, bringt die Fähigkeit, ohne Krankheit und extrem lange zu leben, auf ein noch höheres Niveau. Diese Gabe ist mit einer Meditation verbunden, bei der das von oben durch die Sushumna nach Vishuddhi herabströmende Licht in dem Halschakra verwandelt und integriert wird - genauer gesagt integriert man sich natürlich in dieses Licht hinein. Dieses von oben herabströmende Licht (das in den früheren Kapiteln dieses Buches schon öfter in Ritualen verwendet worden ist) wird durch das Heilige Getränk symbolisiert: den Soma-Trank der Inder, den Göttermet der Germanen, den Balche-Trank der Mayas, das Lebenselixier der Alchemisten, der Jungbrunnen in den mittelalterlichen Vorstellungen ... symbolhistorisch geht dies letzten Endes auf die Milch der Mutter aller Dinge, der Großen Göttin zurück, wie auch der Name des Herabrufens des Lichtes bei den Tibetern zeigt: das "Melken der Himmelskuh"...

Diese Symbolik und diese Meditation der ewigen Jugend und der Regeneration des Körpers ist mit der Gabe, jahrelang ohne Wasser und Nahrung zu leben, verbunden.

Aus der Fähigkeit, alle Ereignisse annehmen und und dadurch verwandeln zu können, ergibt sich ein ununterbrochener Frieden des Geistes. Aus diesem Bewußtseinszustand ergibt sich wiederum die häufige Erfahrung der Shunyata, also das Erlebnis, daß es keine Abgrenzungen gibt. Aus diesem Zustand folgt logischerweise auch, daß man ohne Furcht und ohne Anklammern an die Früchte der eigenen Handlungen sich selber immer treu bleibt und entsprechend handelt.

Die durch das Erwachen des Halschakras erlangte Weite des Bewußtseins ermöglicht es auch, alle telepathisch erlangten Informationen daraufhin zu prüfen, ob sie korrekt oder ob sie verzerrt sind. Die Telepathie erweitert sich durch das Erwachen des Halschakras dahin, daß man gezielt mit dem Bewußtsein und den Gedanken eines anderen in Resonanz treten und dadurch telepathische Gespräche führen kann. An dieser Gabe zeigt sich, daß das Halschakra an mehreren magischen Fähigkeiten beteiligt ist: die Astralreise, weil in ihr die Angst vor dem Tod liegt; die gemeinsamen Traumreisen, weil in ihnen das Bewußtsein und die inneren Bilder zweier oder mehrerer Menschen gekoppelt wird; und die Erinnerung an frühere Leben, weil dafür die Verbindung mit der früheren Inkarnation notwendig ist. In dem Halschakra finden sich also sehr deutlich die Themen Verwandlung, Tod, Verbindung, Weitung, Bejahung und Klärung, die zusammen den Vorgang in Geburah, die Entwicklung der Ansichten der Seele, also die ständige Weiterverwandlung des Karmas der Seele durch immer neue Inkarnationen ist.

Sowohl die mit diesem Chakra verbundene Klarheit als auch der Ort dieses Chakras im Körper weisen schon darauf hin, daß das Erwachen von Vishuddhi zu Weisheit, Beredsamkeit und zu einer Neigung zu Nada-Yoga, also zu Gesang, Chanten, Mantren und ähnlichem führt.

Die Essenz dieses Chakras wird am deutlichsten durch das indianische Ideal des makellosen Kriegers dargestellt, der vollkommen aufrichtig und in unbeirrbarer Treue zu sich selber handelt und seinen Weg geht. Diese Qualität findet sich auch im Buddhismus als Buddha Manjushri, den Buddha der Weisheit.

6. Ajna-Siddhis:

Die Fähigkeiten des Halschakras entwickeln sich hier nun wieder eine Stufe weiter: Man sieht die Dinge mit Abstand, aus einer weiteren Perspektive und ist nicht mehr in sie verwickelt, und man erkennt den großen roten Faden in der Folge der eigenen Inkarantionen und die innere Logik dieser Entwicklung. Damit ist auch ganz konkret die Erinnerung an frühere Inkarnationen verbunden.

In diesem Chakra hat das Bewußtsein ein deutliches Übergewicht im Vergleich zur Lebenskraft, was bedeutet, daß sich das Bewußtsein reinigt und klarer wird, sich seiner selbst bewußt wird und jede Form der Wankelmütigkeit endet - daher stammt auch der Name Ajna dieses Chakras, der "Befehl" bedeutet.

Durch diese Bewußtheit darüber, wer man ist, ordnet sich die Lebenskraft, also die Kundalini diesem Chakra mühelos unter - der Drache folgt immer der Wunschperle und die Wunschperle ist das Zentrum des Dritten Auges. Durch die lenkende Funktion dieses Chakras werden alle Fähigkeiten der nun erwachten sechs unteren Chakras integriert.

Das Halschakra und das Drittes Auge lösen alles Karma und alle Begrenzung auf, was nun zu einer deutlichen Wahrnehmung der spirituellen Ebene (3. Dreieck auf dem Lebensbaum) führt. Dies entspricht der "Durchsichtigkeit " der Sephirah Chesed, deren Analogie im Lebenskraftkörper das Dritte Auge ist. Die Bewußtheit über die Shunyata wird in Ajna immer deutlicher, was darauf beruht, daß man nun alles vollständig loslassen, zulassen und fließen lassen kann und dadurch das eigene individuelle Drama aus Gier, Haß, Eifersucht, Verlangen usw. aufgelöst hat.

Nach der Auflösung der Angst, insbesondere der Todesangst durch das Erwachen von Vishuddhi entsteht nun spätestens hier durch die Zielgerichtetheit von Ajna die Fähigkeit zur Astralreise, also zum bewußten zeitweiligen Verlassen des materiellen Körpers durch die Seele, das ja ein Erlebnis ist, das eng mit dem Tod verbunden ist, da der Astralkörper (Lebenskraftkörper) normalerweise nur im Schlaf und beim Tod den materiellen Körper verläßt.

Die "Durchsichtigkeit", die mit Chesed und mit dem Dritten Auge verbunden ist, führt dazu, daß man in größerem Maße die Zukunft vorhersehen kann, Visionen von hellem Licht (Shunyata) hat, das Wesen von Symbolen und Omen intuitiv versteht, die Essenz der Dinge und Lebewesen sehen kann und intuitiv alles benötigte Wissen innerlich über die Ebene des Bewußtseins erlangen kann, also zumindest potentiell allwissend wird. Diese Form der "Allwissenheit" ist eine Qualität, die von den tibetischen Meditationslehrern, also den Lamas bei ihren Schülern geprüft wird, um festzustellen, wie weit sie sich entwickelt haben.

Das anfängliche teilweise Erwachen des Dritten Auges, daß man in Indien zu Beginn der Kundalini-Meditationen anstrebt, führt dazu, daß man seinem Lehrer begegnet, und später, wenn Ajna schon in einem etwas weiteren Umfang erwacht ist, seiner Schutzgottheit begegnet. Das Erlebnis der Weite, das mit diesem Chakra verbunden ist, hat auch die Auswirkung, daß man selber schließlich zu einem Wohltäter und Lehrer für andere wird.

Die "Durchsichtigkeit" hat weiterhin den Effekt, daß man nun nicht nur telepathisch mit einem anderen Menschen verbunden sein kann wie bei den drei unteren Chakren oder sich mit ihm in Resonanz begeben kann, sondern daß man mit seinem Bewußtsein den Körper eines anderen betreten kann. Auf dem Dritten Auge beruht daher auch die Meditation der

Bewußtseinsübertragung, die in Tibet bisweilen kurz vor dem Tod, wenn man etwas Wesentliches noch nicht vollendet hat, angewandt wird, um das eigene Bewußtsein in ein Tier oder in den Leichnam eines gerade verstorbenen Menschen zu übertragen und dann in diesem, nun wiederbelebten Körper selber weiterzuleben. Es liegt daher die Vermutung nahe, daß auch Christus den toten Lazarus durch sein Drittes Auge zum Leben wiedererweckt hat.

Eine weitere Wirkung der "Durchsichtigkeit" ist es, daß der eigene, nun durch diese Klarheit sehr starke und einsgerichtete Wille augenblicklich Früchte trägt, was letztlich die Grundlage von Wundertaten und Magie im Allgemeinen ist. Man kann daher annehmen, daß z.B. auch Elias, der einen nassen Holzstapel nur durch sein Gebet in Flammen aufgehen lassen konnte, ein erwachtes Drittes Auge hatte. In der Verbindung von Wunder und Gebet und Glauben an Gott zeigen sich die beiden Seiten dieses Chakras: Es weitet die eigene Identität dahin, daß man sich als ein Teil des Göttlichen sieht und folglich auch seine Motivationen aus dieser größeren, göttlichen Identität bezieht und dann auch die entsprechend größeren Handlungsmöglichkeiten entstehen läßt, also die Fähigkeit, Wunder zu vollbringen - spätestens durch das vollständige Erwachen des Dritten Auges wird man zum Magier.

Dieses Erwachen des Dritten Auges wird in China durch den Drachen (Kundalini), der der Wunschperle (Drittes Auge) folgt dargestellt. In Indien und Tibet findet sich dafür das Bild Buddhas oder Shivas, hinter dem eine einköpfige oder siebenköpfige Kobra emporsteigt und seinen Kopf überragt. In Ägypten wird dieser Zustand beim Pharao und bei einigen Gottheiten durch die Kobra (Uräusschlange) an der Stirn dargestllt. In Mittleamerika stellten die Mayas und Azteken diesen Zustand durch eine Schlange dar, die "Quetzalcoatl" ("Federschlange") geannt wurde und die den Visionär begleitete. An dieser weiten Verbreitung dieses Motives läßt sich das hohe Alter dieser Symbolik erkennen.

Schließlich führt die in diesem Chakra erlangte "Durchsichtigkeit" noch dazu, daß man den weiteren Weg hin zum Scheitelchakra erkennt.

7. Sahasrara-Siddhis:

Dieses Daath-Chakra ist durch das beständige Ruhen in der Abgrenzungslosigkeit, also in der Leere der Shunyata gekennzeichnet. Hier vereinigt sich schließlich vollständig das rote Feuer des Wurzelchakras, also die Kundalinischlange, das Tummo-Feuer mit dem weißen Licht des Scheitelchakaras, dem Bindhu. Dabei tritt meist ein etwas kurioser Effekt auf, der, wenn man ihn nicht kennt, ein wenig beunruhigend sein kann: aus der Mitte der Scheitelchakras, dem "GoldenTor", der Brahma-Öffnung tritt ein wenig von der Flüssigkeit aus, in der das Gehirn schwimmt, sodaß die Mitte des Scheitels feucht wird.

Mit dem Erwachen dieses Chakras wird der Körper nun sehr weitgehend von äußeren Umständen unabhängig, sodaß sich Yogis, die dieses Chakra vollständig erweckt haben, für einen oder mehrere Monate begraben lassen können und in dieser Zeit die Atmung und den Stoffwechsel vollkommen stilllegen, was sich unter anderem daran zeigt, daß in dieser Zeit auch der Bart nicht weiterwächst. Nach dem Erwachen des Scheitelchakras braucht der Körper nur noch das Licht als Nahrung, denn der betreffende Mensch hat dann jede Abgrenzung zur Welt aufgelöst, so wie es die Sephirah Daath beschreibt.

Entsprechend unbegrenzt sind für einen solchen Menschen auch seine Handlungsmöglichkeiten.

25. Grundeigenschaften der Chakren

1. Wurzelchakra, Geheimes Chakra:

- *Sanskritname*: Mooladhara ("das, was das Fundament gibt")
- *Feuer-Licht-Mischung*: Lebenskraft
- *Sephirah*: Yesod (Lebenskraft)
- *Empfindung*: kreisende Hitze wie von langsam fließender Glut
- *Bewußtseinszustand*: Ekstase (Orgasmus)
- *astrologische Dynamik:* verbindend (beweglich)
- *Planet:* Mond
- *Entwicklungsphase*: oral = unabgegrenzte Teilnahme am Fluß der Lebenskraft
    - *bei traumatischem Lebenskraftstau (aggressiv-regressiv Grundhaltung)*: von anderen Nähe und Hilfe verlangen
    - *bei traumatischem Lebenskraftmangel (depressiv-progressiv Grundhaltung)*: anderen Nähe und Hilfe geben wollen
- *traditionelles Mantra*: lam (indisch)
- *Siddhis:* Hellsehen, Hellhören, Telepathie, Wahrnehmung der Lebenskraft, Verbesserung der Gesundheit durch Erhöhung des Lebenskraftniveaus
- *Sonstiges*: Ausgangschakra bei der Kundalini-Meditation, beim Erwecken vorübergehend verstärkte Instinkte und Sexualtriebe sowie emotionale Instabilität; mit dem Brahma-Granthi (= Schwelle) verbunden

2. Hara, Nabelchakra:

- *Sanskritname*: Swadhistana ("der eigene Wohnsitz")
- *Feuer-Licht-Mischung*: zentrierte Lebenskraft
- *Sephirah*: Hod (Verstand)
- *Empfindung*: zentrierte, gefestigte Wärme
- *Bewußtseinszustand*: Wachzustand
- *astrologische Dynamik:* gestaltend (fix)

- *Planet:* Merkur
- *Entwicklungsphase*: anal = Bewahrung der eigenen Grenzen, des eigenen Besitzes und des inneren Haltes
    - *bei traumatischem Lebenskraftstau (aggressiv-regressive Grundhaltung)*: Sadismus, alles bestimmen und prägen wollen
    - *bei traumatischem Lebenskraftmangel (depressiv-progressive Grundhaltung)*: Masochismus, sich unterordnen und anpassen und nachgeben
    - *traditionelles Mantra*: vam (indisch)
    - *Siddhi:* Wahrnehmung von Wesen ohne materiellen Körper, intuitives Wissen
    - *Sonstiges*: Ausgangschakra bei der Tummo-Meditaiton; in der westlichen Zivilisation bei sehr vielen Menschen verletzt (Mangel an einem klaren, aufrichtigen Standpunkt); beim Aufsteigen der Kundalini werden das Karma und die Traumata aufgelöst, wodurch die Erinnerung an frühere Erlebnisse deutlich ausgeweitet wird; Erkennen des eigenen Krafttieres

3. Sonnengeflecht:

- *Sanskritname*: Manipura ("Juwelenstadt")
- *Feuer-Licht-Mischung*: gelenkte Lebenskraft
- *Sephirah*: Netzach (Gefühl)
- *Empfindung*: prickelnde, glitzernde, hellstrahlende Funken, die sich vom Sonnengeflecht aus in den gesamten Bauchraum und darüber hinaus verteilen
- *Bewußtseinszustand*: Traum
- *astrologische Dynamik:* erschaffend (kardinal)
- *Planet:* Venus
- *Entwicklungsphase*: phallisch = Selbstbestimmtheit der eigenen Handlungen
    - *bei traumatischem Lebenskraftstau (aggressiv-regressive Grundhaltung)*: Anerkennung verlangend, Narzißmus
    - *bei traumatischem Lebenskraftmangel (depressiv-progressive Grundhaltung)*: Anerkennung gebend, Außenorientierung

- traditionelles Mantra: ram (indisch)

- *Siddhi* :Erlangen einer größeren Unabhängigkeit von den Instinkten durch die Wahrnehmung des gesamten Körpers und der Vorgänge in ihm, die mit der Fähigkeit, die eigene Qualität klarer auszudrücken, einhergeht; weitere Verbesserung der Gesundheit durch diese detaillierte Wahrnehmung des eigenen Körpers und der Bewegungen der Lebenskraft in ihm; Fähigkeit, verlorene oder verborgene Gegenstände sowie vermißte Personen durch Telepathie zu finden; sich durch das Entzünden des Tummo-Feuers im Sonnengeflecht auch in der Größten Kälte warm halten können

- *Sonstiges*: das aufsteigende Kundalinifeuer tritt ab dem Sonnengeflecht wesentlich gebündelter und intensiver auf; es entsteht eine spirituelle Perspektive

4. Herzchakra:

- *Sanskritname*: Anahata ("der unangeschlagene (= ewige) Ton")
- *Feuer-Licht-Mischung*: bewußte Lebenskraft, krafterfülltes Be- wußtsein, Feuer und Licht im Gleichgewicht
- *Sephirah*: Tiphareth (Seele)
- *Empfindung*: strahlende Liebe und Wärme
- *Bewußtseinszustand*: Tiefschlaf
- *astrologische Dynamik:* keine (jenseits des Horoskopes)
- *Planet:* Sonne
- *Entwicklungsphase*: genital = in allem die Qualität der eigenen Seele ausdrücken
- *bei traumatischer Prägung in einem der drei Chakrenpaare*: Verlust der Selbstwahrnehmung, kein in sich Ruhen, keine "leuchtende" Individualität, Herzblockade, kein Bewußtsein über die eigene Seele
- *traditionelles Mantra*: yam (indisch), hum (tibetisch)
- *Siddhi:* der Wille verwirklicht sich (Wunschbaum; Notwendigkeit des positiven Denkens); deutlich verbesserte Telepathie, Hellsehen, Hellhören und Telekinese; Fähigkeit, andere Menschen durch Resonanz zwischen sich und dem Betreffenden zu heilen, also den

eigenen Zustand in dem anderen zu hervorzurufen

- *Sonstiges*: Ursprung des Chakrensystems; Erwachen der spirituellen Liebe im Herzen, die von den Reaktionen der geliebten Menschen unabhängig ist; die Seele wird bewußt, wodurch die Kontrolle über Gefühle, Gedanken und Vorstellungen erreicht wird; mit dem Vishnu-Granthi (= Graben) verbunden, das im geklärten und erwachten Zustand zu dem "Wunschbaum"-Nebenchakra wird

5. Halschakra:

- *Sanskritname*: Vishuddhi ("Reinigung")
- *Feuer-Licht-Mischung*: die nähere Umgebung bewertendes Bewußtsein
- *Sephirah*: Geburah (Karma, Verwandlung)
- *Empfindung*: strahlende Hitze, die wie ein Druck vom Hals aus nach außen geht und die Umgebung berührt
- *Bewußtseinszustand*: Traum
- *astrologische Dynamik:* gestaltend (fix)
- *Planet:* Mars
- *Entwicklungsphase*: phallisch = Selbstbestimmtheit des eigenen Verhältnisses zu anderen Menschen
- *bei traumatischem Lebenskraftstau (progressiv-depressive Grundhaltung)*: Anerkennung gebend, Außenorientierung
- *bei traumatischem Lebenskraftmangel (aggressiv- regressive Grundhaltung)*: Anerkennung verlangend, Narzißmus
- *traditionelles Mantra*: ham (indisch), om (tibetisch)
- *Siddhi:* Vergangenheit, Gegenwart und Zukunft sehen können; häufiges Erleben der Shunyata; ohne Schaden Gift zu sich nehmen; durch das Bewußtsein und den Willen Wunden heilen und Operationen durchführen können; langanhaltende Jugend und sehr langes Leben; telepathische Informationen auf ihre Richtigkeit hin prüfen können; telepathisch differenzierte Kontakte, die telepathische Gespräche ermöglichen; direkte Wahrnehmung des Bewußtseins einer anderen Person; Astralreisen
- *Sonstiges*: in der westlichen Zivilisation bei sehr vielen Men-

schen verletzt (Unaufrichtigkeit); die Fähigkeit, alle Ereignisse als Ausdruck der Wahrheit in Freude willkommen zu heißen

6. Drittes Auge, Stirnchakra:

- *Sanskritname*: Ajna ("Befehl")
- *Feuer-Licht-Mischung*: auf ein Ziel hin ausgerichtetes Bewußtsein
- *Sephirah*: Chesed (Durchsichtigkeit)
- *Empfindung*: pulsierender, kreisender Druck, der meist gebündelt wie ein Strahl nach außen/vorne weist
- *Bewußtseinszustand*: Wachzustand
- *astrologische Dynamik:*gestaltend (kardinal)
- *Planet:* Jupiter
- *Entwicklungsphase*: anal = Erkennen und Weiterentwicklen des eigenen Zieles sowie Treue zu seinen Zie-len
- *bei traumatischem Lebenskraftstau (progressiv-depressive Grundhaltung)*: Masochismus, sich unterordnen und anpassen und nachgeben
- *bei traumatischem Lebenskraftmangel (aggressiv- regressive Grundhaltung)*: Sadismus, alles bestimmen und prägen wollen
- *traditionelles Mantra*: om (indisch), ham (tibetisch)
- *Siddhi:* "Durchsichtigkeit" der Welt, die das Erlangen jeglicher Information ermöglicht (Allwissenheit); sein Bewußtsein in einen anderen Körper vorübergehend oder dauerhaft übertragen können; Tote zum Leben auferwecken; der Wille trägt Augenblicklich Früchte (Wundertaten)
- *Sonstiges*: Voraussetzung für das Erwecken der Kundalini-Schlange, da durch die Fähigkeiten dieses Chakra die Lebenskraft gelenkt werden kann; in diesem Chakra ruht die Kundalini nach dem Aufsteigen; sich der inneren Logik seines Karmas bewußt werden; klares, beständiges Bewußtsein; seinen Lehrer finden

7. Scheitelchakra, Kronenchakra:

- *Sanskritname*: Sahasrara ("1000")
- *Feuer-Licht-Mischung*: Bewußtsein
- *Sephirah*: Daath (Abgrenzungslosigkeit)
- *Empfindung*: strahlendes, sanftes Öffnen und Weiten des Scheitelchakras, das sich wie eine leichte Berührung anfühlt und zu der Empfindung von strahlendem Licht führt
- *Bewußtseinszustand*: Ekstase (Erleuchtung)
- *astrologische Dynamik:* verbindend (beweglich)
- *Planet:* Saturn
- *Entwicklungsphase*: oral = unabgegrenzte Teilnahme am gesamten Bewußtsein in der Welt, die Innenseite der Welt als Bewußtseinskontinuum erleben und dort handeln können
- *bei traumatischem Lebenskraftstau (progressiv-depressive Grundhaltung)*: anderen Nähe und Hilfe geben wollen
- *bei traumatischem Lebenskraftmangel (aggressiv- regressive Grundhaltung)*: von anderen Nähe und Hilfe verlangen
- *traditionelles Mantra*: (kein indisches Mantra), je nach Art der Meditation ksha oder ham (tibetisch)
- *Siddhi:* bewußte Einstellung des gesamten Stoffwechsels für mehrere Monate möglich (mehrmonatiges Begrabensein überleben)
- *Sonstiges*: das Leuchten des Scheitelchakras kann als Heiligenschein wahrgenommen werden; permanenetes Ruhen in der Shunyata; Vereinigung von Tummo und Bindhu; beim Erwachen des Chakras Austritt von Feuchtigkeit am "Goldenen Tor", dem Zentrum des Sahasrara-Chakras in der Scheitelmitte; mit dem Shiva-Granthi (= Abgrund) verbunden

26. Der Herzsegen

Jede Heilung besteht letztlich darin, daß man der eigenen Existenz zustimmt, also den Impuls der eigenen Seele zu der derzeitigen Inkarnation von ganzem Herzen zustimmt. Daraus ergibt sich, daß man das Wesen der eigenen Seele direkt und unverzerrt und mit voller Kraft sich in dem eigenen Körper ausdrücken lassen will.

Dies kann man durch zwei sich ergänzende Dinge erreichen: zum einen durch die "hemmungslose" Liebe zu der eigenen Seele und zum anderen durch das Auflösen jeglicher Verzerrungen, die in der bisherigen eigenen Biographie in der eigenen Psyche bei dem Versuch der Seele, sich durch den Körper der derzeitigen Inkarnation ausdrücken, entstanden sein mögen.

In Bezug auf die Chakren ergibt sich daraus eine einfache Meditation: zunächst sein Bewußtsein und seine Wahrnehmung im Zentrum des Herzchakras sammeln und dann von dort aus die dort gefundene Qualität der eigenen Seele in die ganze eigene Psyche, den ganzen eigenen Körper und in alle eigenen Handlungen ausstrahlen lassen. Diese Ausstrahlung kann imaginativ durch eine bestimmte Farbe oder ein Bild und auch durch ein Mantra, das in der Regel der Name der eigenen Seele sein wird, unterstützt werden.

Die ausführliche Form dieser Meditation lehnt sich an die Entstehung des eigenen Körpers an und wiederholt noch einmal mit dem derzeitigen Bewußtsein alle Schritte dieser Erschaffung der derzeitigen Inkarnation durch die eigene Seele:

1. Imagination der Entstehung des Chakrensystems (Mandala-Aufbau):

    - die Seele als senfkorngroße, strahlende Kugel

    - die Seele als senfkorngroße, strahlende Kugel inmitten der Wolke aus Lebenskraft, die bei der sexuellen Vereinigung der eigenen Eltern entstanden ist

    - die Zusammenziehung und Strukturierung dieser Lebenskraftwolke um die Seele als Zentrum, wodurch das Herzchakra entsteht

    - das Ausstrahlen der Sushumna aus dem Herzchakra heraus nach oben und unten

- die Entstehung von je drei Chakren an jedem der beiden Strahlen der Sushumna
- die Entstehung von Ida und Pingala als polare Spiegelungen der Sushumna rechts und links von ihr
- die Auffaltung der Lebenskraftströme, aus denen die Chakren bestehen, in den ganzen Körper hinein

2. Imagination der Reinigung des Chakrensystems (Mandala-Auflösung):

- der Rückzug aller Lebenskraft in das Chakrensystem, wobei bei diesem Vorgang alle Bilder, Süchte, Ängste, Anhaftungen, Schuldgefühle, Verletzungen, Erstarrungen usw., die alle als ein in die Lebenskraft geprägtes Bild im eigenen Körper existieren, mit in das Chakrensystem hineingezogen werden, wo sie sich paarweise an Ida und Pingala anlagern (z.B. eine Angst und gegenüber eine Sucht)
- die Auflösung von Ida und Pingala und aller mit ihnen verbunden Bilder und Gefühle in die Sushumna hinein
- die Auflösung des äußeren Chakrenpaares in das mittlere Chakrenpaar
- die Auflösung des mittleren Chakrenpaares in das innerste Chakrenpaar
- die Auflösung des innersten Chakrenpaares in das Herzchakra
- die Auflösung der beiden Sushumna-Strahlen in das Herzchakra hinein

3. Segnen des Chakrensystems (Aufbau des unverzerrten Mandalas):

- das Sammeln aller Lebenskraft und allen Bewußtseins in einer senfsamengroßen Kugel im Zentrum des Herzchakras (die Intensität dieser "Seelenkugel" ist dabei weit größer als alles andere, was man in seiner Psyche finden kann, so wie auch der Atomkern (Tiphareth) tausendmal größer und schwerer und energiereicher ist als die Elektronen (Yesod), die ihn umkreisen);
- das Ruhen in diesem Punkt in der Liebe zu der eigenen Seele,

was sich allmählich in ein Ruhen in der Qualität der eigenen Seele wandelt;

- die Wahrnehmung der Rotation dieser senfsamengroßen Kugel und der dadurch bewirkten Ausstrahlung der Sushumna nach oben und unten in Form von zwei Strahlen (ab hier verläuft der Vorgang weitgehend spontan und es nur wenig eigene Imagination notwendig, da diese Meditation ab hier der normalen Entwicklung nach der Zeugung entspricht);

- die Entstehung der jeweils drei Chakren an den beiden Strahlen der Sushumna (diesen Teil kann man entweder relativ schnell und spontan ablaufen lassen oder langsam Chakra für Chakra, wobei man dabei die Intensität des Herzchakras zunächst in das Sonnengeflecht, dann das Hara und dann das Wurzelchakra fließen läßt und dabei jedesmal wie bei einer sehr kurzen Traumreise schaut, welche Bilder dabei auftauchen, sie mit der Qualität des Herzchakras segnet und evtl. in ihre ursprüngliche Form zurückverwandelt und betrachtet, wie sich die Qualität des Herzchakras zum Wurzelchakra hin entwickelt und konkretisiert; dasselbe führt man dann vom Herzchakra über das Halschakra, das Dritte Auge bis hin zum Scheitelchakra durch, wobei man die drei Chakra-Schwingungspaare erleben kann - die sechs äußeren Chakra werden durch diese Meditation deutlich als Ausdruck des Herzchakras erlebbar)

- die Spiegelung der Sushumna in den beiden polaren (männlich-weiblich) Nebenkanälen Ida und Pingala, was dem männlichen und dem weiblichen Innenbild in der Psyche entspricht; Ida und Pingala verlaufen in langgezogenen Bögen neben der Sushumna und vereinen sich am unteren und und am oberen Ende mit der Sushumna mit;

- von den Chakren geht ein Vielzahl von kleinen Lebenskraft-Kanälen in alle Bereiche des Körpers, unter anderem auch zu den Hand- und Fußchakren;

- durch dieses System von Lebenskraft-Kanälen fließt vom Herzchakra aus die Qualität der Seele bis in jede Zelle des eigenen Körpers: Herzchakra - Sushumna - sieben Hauptchakren - Ida/Pingala - die von den Chakren radial ausgehenden Hauptkanäle der Lebenskraft ("Blütenblätter" der Chakren) -Nebenkanäle der

Lebenskraft bis in jede Zelle des Körpers.

Die Kurzform dieser Meditation besteht darin, sich

    1. den Ursprung der eigenen Psyche und seines Körpers in der eigenen Seele zu vergegenwärtigen und mit der eigenen Seele in seinem Herzchakra Kontakt aufzunehmen, wobei die Seele im Zentrum des Herzchakras als senfkorngroßes Lichtkügelchen gesehen werden kann,
    2. der Rückzug aller Aufmerksamkeit und aller Gefühle, Gedanken und Bilder in die Lichtkugel im Herzchakra,
    3. das Ausstrahlen der Qualität der Seele von diesem Lichtkügelchen aus in den ganzen Körper und darüber hinaus.

Diese Meditation kann man als eine Bitte an die eigene Seele um einen Segen auffassen. Sie ist auch ein ausdrückliches Kooperationsangebot an die eigene Seele, die ja ihre derzeitige Inkarnation zu ihrem eigenen Selbstausdruck erschaffen hat.

Die Konzentration auf die Seele im Herzchakra mithilfe von Meditation, Atemlenkung, Mandalas, Invokation usw. ist der integrative Aspekt des "Lebens aus dem Herzen heraus", der zu der "Schlange der Weisheit" gehört. Der gestaltende Aspekt dieser Grundhaltung, der zu dem "Blitzstrahl der Schöpfung" gehört, besteht darin, jede Situation als eine Gelegenheit aufzufassen, in der man das Wesen der eigenen Seele ausdrücken kann.

Im Grunde ist die Essenz des sinnvollen Verhaltens, das sich aus der Betrachtung des Chakrensystems ergibt, sehr schlicht: "Achte bei allem, was Du willst, fühlst, denkst, Dir vorstellst und tust, immer darauf, den Kontakt zu Deinem Herzen nicht zu verlieren."

Der eigene Körper und die gesamte eigene Psyche ist von der eigenen Seele vor der eigenen Geburt erschaffen worden und beides wird sich nach dem Tod wieder in die Seele hinein auflösen. Was ist da natürlicher, als während des ganzen Lebens zwischen Zeugung und Tod die eigene Seele zu lieben und sich selber als Geschöpf der eigenen Seele zu lieben? Und als Echo auf diese Selbstliebe kommt einem aus der Welt alles entgegen, was zur Freude führt - und letztlich wird jedes Ereignis und jede Begegnung durch das Erfülltsein von der eigenen Seele in jedem Augenblick zu einem neuen Ton in der Freude über das eigene Leben werden. Wenn man selber das Geschöpf der eigenen Seele ist, was sollte die Seele dann für ihre Inkarnation und somit für sich selber anderes wollen, als das, womit sie glücklich wird? Und was anderes als sich selber auszudrücken könnte das Ziel der Seele sein? Genau dieser Selbstausdruck führt zu einem Einklang zwischen dem Menschen als Inkarnation seiner Seele und dem, was der betreffende Mensch erlebt und dieser Einklang ist die Quelle der Freude ...